AF371083

BRIEUX

L'Armature

PIÈCE EN CINQ ACTES

TIRÉE DU ROMAN DE

M. PAUL HERVIEU

de l'Académie-Française.

PARIS. — Ier

P.-V. STOCK, ÉDITEUR

(Ancienne Librairie TRESSE & STOCK)

155, RUE SAINT-HONORÉ, (près *la Civette*)

Devant le Théâtre-Français

1905

L'ARMATURE

PIÈCE EN CINQ ACTES

Représentée pour la première fois à Paris
sur le Théâtre du VAUDEVILLE
le 19 Avril 1905.

A LA MÊME LIBRAIRIE

DU MÊME AUTEUR :

BERNARD PALISSY, en un acte en vers, en collaboration avec M. Gaston Salandri (*Épuisé*).

MÉNAGES D'ARTISTES, comédie en trois actes.

BLANCHETTE, comédie en trois actes.

LA COUVÉE, comédie en trois actes.

MONSIEUR DE RÉBOVAL, comédie en quatre actes (non publiée).

L'ENGRENAGE, comédie en trois actes.

LA ROSE BLEUE, comédie-vaudeville en un acte.

LES BIENFAITEURS, comédie en quatre actes.

L'ÉVASION, comédie en trois actes. (*Couronnée par l'Académie française.*)

L'ÉCOLE DES BELLES-MÈRES, comédie en un acte.

LE BERCEAU, comédie en trois actes.

RÉSULTAT DES COURSES, comédie en six tableaux.

LES TROIS FILLES DE M. DUPONT, comédie en quatre actes.

LA ROBE ROUGE, pièce en quatre actes. (*Couronnée par l'Académie française.*)

LES REMPLAÇANTES, pièce en trois actes.

LA PETITE AMIE, comédie en trois actes.

LES AVARIÉS, pièce en trois actes.

MATERNITÉ, pièce en trois actes.

LA DÉSERTEUSE, pièce en quatre actes, en collaboration avec M. Sigaux.

Il a été tiré à part, sur papier de Hollande vingt-deux exemplaires.

ÉMILE COLIN — Imprimerie de Lagny.

BRIEUX

IL'ARMATURE

PIÈCE EN CINQ ACTES

Tirée du Roman de

M. PAUL HERVIEU

de l'Académie française.

PARIS — Ier

P.-V. STOCK, ÉDITEUR

(Ancienne Librairie TRESSE & STOCK)

155, RUE SAINT-HONORÉ, 155

DEVANT LE THÉATRE-FRANÇAIS

1905

PERSONNAGES

JACQUES D'EXIREUIL	MM. GEORGES GRAND.
BARON SAFFRE	CHELLES.
MARQUIS DE FÉ	LÉRAND.
COMTE DE GROMMELAIN	GASTON DUBOSC.
OLIVIER BRÉHANT	BARON fils.
ROGER D'IANCEY	ROGER MONTEAUX.
M. PLOCHE	JOFFRE.
MARQUIS DE RENÈVE	ROGER VINCENT.
DE MÉNIL	DAUVILLIERS.
LA BROUSSAILLE	VANDENNE.
FRICANDEAU	AUSSOURD.
M. DE CHALACEY	BERTRAND.
LE RÉGISSEUR	VERTIN.
DE NARGENCEY	FERRÉ.
DE SAINT-BEL	BAUD.
GISELLE	Mmes BERTHE CERNY.
BARONNE SAFFRE	CÉCILE CARON.
PRINCESSE NAGEAR	PAULE ANDRAL.
BLANCHE DE GROMMELAIN	HARLAY.
CATHERINE SAFFRE	DRUNZER.
ALINE	NETZA.

Les autres rôles par MM. Lalparède, Grésy, Garnier, Suarès, Bourgueil et Hamel, Mmes Leduc, Colonna, de Verlanne et Becker.

ACTE PREMIER

L'ARMATURE

ACTE PREMIER

Une soirée chez le baron Saffre.

Le décor représente une « avant-scène salon » dans la salle de spectacle de son fastueux hôtel du Parc Monceau.

La scène est limitée à gauche par une galerie bordée de velours rouge, à hauteur d'appui, qui la traverse obliquement.

Entre cette galerie et la toile du fond, on aperçoit à gauche la partie supérieure de la petite scène.

Au fond, une baie donnant sur un grand salon.

A droite, premier plan, une table et des chaises ; puis, plus loin, la porte d'un salon par lequel on a accès dans la salle des fêtes.

SCÈNE PREMIÈRE

Catherine SAFFRE, le comte de GROMMELAIN, Marie-Blanche de GROMMELAIN, Roger d'IANCEY, le marquis de RENÈVE, la princesse NAGEAR. *Des cinq fauteuils du premier rang de l'avant-scène, trois sont vides. Les deux autres sont occupés par Catherine Saffre et Marie-Blanche de Grommelain. Le marquis de Renève est assis au second rang. Roger d'Iancey est debout à gauche près de madame de Grommelain. La princesse Nagear et le comte de Grommelain sont à droite.*

Au lever du rideau, une chanteuse et un orchestre invisibles font entendre la fin d'une « mélodie ».

LA CHANTEUSE

Sur le bord d'un ruisseau tout bordé de pervenches,
Et dans l'air parfumé d'une douce senteur,
On voyait folâtrer des tourterelles blanches.
La femme, c'est l'oiseau ; l'amour, oui, c'est la fleur.

(Ritournelle finale d'orchestre. — Le rideau de la petite scène se ferme. Bravos d'une discrétion élégante.)

MARIE-BLANCHE, *applaudissant à Roger d'Iancey.*

L'auteur est un amateur, vous le savez? Il ne veut travailler que pour les salons.

ROGER D'IANCEY

Pourquoi?

MARIE-BLANCHE

On refuse de le jouer ailleurs. (*Pendant ce qui suit, Catherine et Renève, d'une part, Marie-Blanche et Roger d'Iancey, de l'autre, causent ensemble et lorgnent la salle.*)

LA PRINCESSE NAGEAR, *à Grommelain.*

Elle chante délicieusement. Il faut que je l'aie chez moi. Savez-vous si je pourrais causer avec elle?

GROMMELAIN

Elle va s'habiller pour le rôle de Colin qu'elle joue en travesti, je dirai qu'on vous prévienne dès qu'elle sera prête.

LA PRINCESSE

Merci. Et vraiment vous aurez le grand-duc d'Esclavonie ?

GROMMELAIN

Il n'arrivera que pour la pièce, mais nous l'aurons.

LA PRINCESSE

Oui ?

GROMMELAIN

Cela paraît vous étonner ?

LA PRINCESSE

Non.

GROMMELAIN

Si. Mais vous y êtes bien, vous, chez mon beau-père !

LA PRINCESSE

Le grand-duc est héritier présomptif.

GROMMELAIN

Votre frère n'attend-il pas qu'on vienne le chercher pour occuper un trône ?

LA PRINCESSE, *souriant.*

Oui. A un point qu'il a fait planter des ormes dans sa propriété.

GROMMELAIN

Vous ne pouvez vous faire à l'idée de voir le grand-duc inaugurer en personne l'hôtel du baron Saffre.

LA PRINCESSE, *se défendant mollement.*

Oh !...

GROMMELAIN

Avouez donc !... Je l'ai bien, ce sentiment-là, moi qui ne suis que le comte de Grommelain... Mais le grand-duc viendra. Vous savez qu'il est de bonne paie, et qu'il paie fidèlement, — à terme — de sa personne... Il faut vous y faire et en prendre votre parti. L'argent est un roi que les majestés ont fini par reconnaître.

LA PRINCESSE

Mon Dieu, puisque vous en parlez vous-même avec cette indépendance, je ne veux plus vous cacher que j'ai été quelque peu étonnée, en entrant ici, d'y rencontrer un aussi grand nombre de personnes appartenant réellement au monde.

GROMMELAIN

Chacune d'elles éprouve la même surprise que vous.

LA PRINCESSE

Cette réunion annuelle est un joli plaisir d'orgueil que se donne le baron.

GROMMELAIN

Non. C'est, dans son esprit, une assemblée générale de plus qu'il préside devant les actionnaires de cette considérable société qui s'appelle le high-life. Il se fait renommer homme du monde pour un an.

LA PRINCESSE

Il est superbe de santé... cordial... bon enfant.

GROMMELAIN

Oui. Il a ce que l'autre appelle de la famil-
lionnarité.

LA PRINCESSE, *riant.*

Est-ce pour que vous le défendiez qu'il vous
a donné sa fille ?

GROMMELAIN

C'est pour que je l'excuse.

LA PRINCESSE

... Et vraiment la baronne est souffrante ?...
Nous ne la verrons pas ? Quel dommage !

GROMMELAIN

Oh ! ce n'est rien ! Une indisposition... seulement bien malencontreuse.

LA PRINCESSE

Et peut-être ne regrette-t-elle qu'à demi de
ne pouvoir assister à cette fête.

GROMMELAIN

Elle aime peu le monde, en effet.

LA PRINCESSE

C'est, de sa part, du tact,... ou de la timidité?

GROMMELAIN

Gardez-vous de la croire timide. Elle s'efface, de son plein gré, jugeant inutile sa présence à des manifestations extérieures comme celle d'aujourd'hui. Mais il y a, chez elle, et pour ce qui le concerne, une étroite et forte volonté.

LA PRINCESSE

Alors, les scènes, dans ce ménage-là!... Où est donc le baron Saffre? Il attend le grand-duc à la porte du premier salon?

GROMMELAIN

Pas encore. Il fait les honneurs des coulisses à madame d'Exireuil. *(Marie-Blanche et Roger d'Iancey viennent vers la princesse.)*

LA PRINCESSE

Voici votre femme qui s'aperçoit enfin que je suis là.

GROMMELAIN

Quand elle cause avec M. d'Iancey, rien ne peut la distraire.

LA PRINCESSE, *avec un regard.*

Comme vous dites cela !

GROMMELAIN, *répondant à un mot qui n'a pas été dit.*

Moi ?... Non.

MARIE-BLANCHE

Princesse...

LA PRINCESSE

J'aurais eu plaisir à saluer la baronne, on me dit qu'elle est souffrante.

MARIE-BLANCHE, *distraite.*

Maman, oui, toujours.

LA PRINCESSE

Qui est cette dame au bras du baron ?... Je suis si myope...

MARIE-BLANCHE

Madame d'Exireuil... Je parie qu'il ne doit pas s'embêter, papa... (*La conversation se continue à voix basse. Le marquis de Renève et Catherine Saffre se sont levés.*)

CATHERINE

Que vous êtes donc devenu silencieux !

RENÈVE

Je réfléchis au sort différent que vous auriez peut-être bien voulu me faire, si nous avions vécu à une autre époque. Nous aurions été mêlés, côte à côte, à des événements plus ardents, qui auraient pu vous faire ressentir pour moi... des choses que j'aurais été content de payer de mon sang !

CATHERINE

Pourquoi aller vous perdre dans les espaces du temps ? C'est trop grand ! Quelle chance aurions-nous eue de nous y rencontrer ?... Voyez, nous sommes contemporains, du même âge, de la même ville, et cela ne nous a pas avancés à nous faire marier ensemble !

RENÈVE

Et si nous nous étions rencontrés à temps, il en eût été de même... Autrefois Catherine de Ruys et le fils du marquis de Renève auraient pu s'unir, quoique pauvres l'un et l'autre...

CATHERINE

Mais autrefois n'est plus et j'ai épousé le fils du baron Saffre.

RENÈVE

Et moi, je mène dans la solitude une vie inutile.

CATHERINE

Que voulez-vous !... C'est moi qui dois accompagner le grand-duc jusqu'ici avec mon beau-père. (*Elle va vers le groupe où est la princesse et reprend son sourire de maî-*

tresse de maison. Grommelain fait un pas vers elle.)

GROMMELAIN

Ne vous inquiétez pas, on vous préviendra par téléphone du moment où Son Altesse quittera son cercle.

CATHERINE

Merci.

GROMMELAIN, *à Renève qui regarde la salle.*

Eh bien ? A quoi pensez-vous ?

RENÈVE

Je me demande pourquoi, dans ce salon et dans tant d'autres, il y a, à cette heure-ci. toutes ces femmes et tous ces hommes.

GROMMELAIN

Vous cherchez le pourquoi des relations mondaines ?

RENÈVE

N'êtes-vous point de mon avis : les gens ne

vont dans le monde que parce qu'ils ont un amour à y conduire ou à y retrouver, ou à s'y procurer ?

GROMMELAIN

Il y a des raisons plus sérieuses.

RENÈVE

Les principes de politesse ? Les devoirs de sociabilité ? Non. Le seul lien d'ensemble pour cette masse qui vient de tant de côtés et, du reste, le seul élément qui constitue la famille, la société, la loi même de l'univers, c'est l'amour.

GROMMELAIN

C'est l'argent.

RENÈVE

Oh ! Certainement, l'argent joue un grand rôle dans les rapports sociaux.

GROMMELAIN

Pardon ! Quand il s'agit de la carrière des

industriels, des banquiers, des commerçants
qui travaillent pour cela, le rôle de l'argent est
avéré, incontesté. Mais moi, je vous dis que la
puissance de l'argent est universelle, que la
poursuite du gain est aussi enragée dans ce
monde qui est réuni là et qui pourtant ne
compte guère que des oisifs, des gens dont l'orgueil et la destinée sont d'être des oisifs. Ils
n'ont pas l'air de s'occuper de l'argent, on ne
les voit rien faire pour en gagner ; dans leur
situation en apparence supérieure à celle des
autres hommes, ils semblent être affranchis
de cette misère humaine qu'ils ont pour habitude et pour principe de n'avouer jamais. Devant la crédulité du vulgaire, ils affectent —
au point de s'en duper eux-mêmes — de n'être
point sujets à ce besoin inconnu : des néces-
sités d'argent... Vous connaissez cet assem-
blage de pièces de métal qu'on nomme armature et qui est destiné à soutenir ou à contenir
les parties moins solides ou lâches d'un objet
déterminé. Eh bien ! pour soutenir la famille,
pour contenir la société, pour fournir à tout

ce beau monde la rigoureuse tenue que vous lui voyez, il y a une armature plus ou moins dissimulée, ordinairement invisible, qui est faite de son argent. C'est elle qui empêche la dislocation quand l'étoffe des sentiments se déchire et que se fend la devanture des devoirs ou des grands principes. Et les relations ne durent que par l'intérêt.

RENÈVE

Tout de même, il y a encore dans notre société des gens que l'on n'achète pas !

GROMMELAIN

Parbleu ! ce sont les coquelicots ou les bleuets parmi les épis de la moisson. Et encore !... il faudrait être devin pour dire au juste comment chacun est ou n'est pas en contact avec l'armature. (*Il fait un salut à quelqu'un dans la salle.*) Voici Jacques d'Exireuil que je salue... Par quel démon du sort, par quel mystère est-il aujourd'hui planté dans l'intimité du baron Saffre, d'une manière dont il est peut-être le seul, ce soir, à ne pas se douter?

RENÈVE

C'est avec le duc de Gisors qu'il est en ce moment? (*Ils lorgnent dans la salle.*)

LA PRINCESSE

Mais je vous dis que les Exireuil sont ruinés.

IANCEY

Ils ont conservé le même train de maison. Je les ai rencontrés ce matin au Bois...

MARIE-BLANCHE

Vous n'avez pas remarqué la robe de madame d'Exireuil?

IANCEY

Elle est fort belle.

MARIE-BLANCHE

Oui. Mais c'est celle qu'elle a portée plusieurs fois cette saison.

IANCEY

Oh !

MARIE-BLANCHE

Un homme peut s'y tromper. Cette toilette
a été ingénieusement déguisée, mais le velours
bleu dont elle est faite est pour moi une vieille
connaissance.

LA PRINCESSE

Et la dentelle qui remédie à la détresse de
son costume, madame d'Exireuil l'a empruntée
à la robe rose qu'elle avait chez le marquis
de Fé.

MARIE-BLANCHE

Ruinée, je vous dis... Mon mari vous don-
nera des détails. (*Elle fait un signe, Grommelain et Renève s'approchent.*) Nous parlions des Exireuil, n'est-ce pas qu'ils ont perdu
leur fortune ?

GROMMELAIN

Les charbonnages, dont ils ont hérité, ont

été réduits à néant. J'ai su que leurs chevaux, ils ne les ont plus qu'en location.

IANCEY, *protestant.*

Cependant, eux qui jadis ne fréquentaient le monde que dans la mesure où c'était strictement obligatoire, ils ne manquent plus une fête.

MARIE-BLANCHE

M. d'Exireuil s'est mis en rapports suivis avec mon père.

LA PRINCESSE

Le baron Saffre est en ce moment très sollicité par un groupe de gens du monde, à la tête duquel est Jacques d'Exireuil, en vue de je ne sais quelle affaire superbe.

MARIE-BLANCHE

Et c'est madame d'Exireuil qui a la mission d'enlever la décision de papa.

CATHERINE

Les Exireuil sont au-dessus de tout soupçon.

RENÈVE

Je tiens Jacques pour un galant homme.

GROMMELAIN

Et tout à fait incapable de...

IANCEY

C'est un monsieur qui marcherait plutôt dans le tragique que dans la complaisance.

CATHERINE

Et sa femme, dont on le sait très amoureux, dont on le sait aimé, échappe aux méchancetés de la chronique.

MARIE-BLANCHE

Pour moi, ça y est ou ça va y être.

CATHERINE

Oh! Marie-Blanche!

LA PRINCESSE

Je vous demande de répondre : Croyez-vous

que ce soit au baron Saffre ou bien à sa fortune
que s'adressent les amabilités de la dame?

CATHERINE

Mais...

LA PRINCESSE

Si vous voulez, posez la question autrement : Si le baron Saffre n'avait pas le sou, madame d'Exireuil serait-elle aussi aimable avec
lui? Dites oui ou non.

CATHERINE

C'est non, évidemment.

LA PRINCESSE, *triomphant.*

Ah !

CATHERINE

Mais il n'y a rien là qu'on ne puisse expliquer sans la mal juger. Je vous concède que
dans l'innocent désir de se faire un peu
l'auxiliaire de son mari, elle ait répondu tout
d'abord avec un empressement trop amical à

des galanteries dont elle n'avait pas deviné le sens coupable. Et je veux bien, même, si vous y tenez, qu'elle ait additionné sa cordialité gentille d'une petite quantité de rouerie.

RENÈVE

Et qu'elle ait été très honnêtement plus accueillante qu'à un autre, à cet homme dont un simple bon vouloir peut mettre un terme aux embarras du mari.

CATHERINE

La voici qui vient avec le baron. Voyez si son attitude est celle que pourrait lui supposer quelqu'un qui vous croirait?

RENÈVE

Son ennui est visible.

IANCEY

Saffre lui aura fait comprendre quel prix il met à son concours.

GROMMELAIN

Ça lui paraît cher. Mais s'il la veut...

RENÈVE

Oh !

GROMMELAIN

Le baron, mon ami, est un monstre de volonté ! et il poursuit la conquête d'une femme
avec l'invincible ténacité qui lui a valu son
énorme fortune...

RENÈVE

Et madame d'Exireuil subit déjà le mysté-
rieux magnétisme que dégage une grande
puissance de désirs. Elle paraît avoir plus de
peur que d'horreur. (*Paraissent au fond Saffre
et Giselle.*)

CATHERINE

Voulez-vous me conduire, monsieur de
Renève? Il faut que je me rapproche de la
porte d'entrée.

GROMMELAIN

Et moi aussi. (*Ils sortent. Saffre a arrêté*

Giselle et du haut de l'avant-scène, il lui montre la foule des invités et les splendeurs de sa demeure.)

IANCEY

Voyez-le. Il semble lui montrer le panorama de sa puissance sociale.

LA PRINCESSE, *en désignant Giselle et Saffre.*

Il me vient à l'esprit un verset de saint Luc : « Le diable le transporta sur une montagne, et lui ayant fait voir en un instant tous les royaumes du monde, il lui dit : « Je vous donnerai toute cette richesse si « vous voulez m'adorer ! »

MARIE-BLANCHE, *fermant les rideaux*
de la baie du fond.

Princesse, je pense à la piété filiale des enfants de Noé. (*Elles sortent en riant avec Roger d'Iancey.*)

SCÈNE II

SAFFRE, GISELLE D'EXIREUIL, BREHANT
et ARTHUR SAFFRE

SAFFRE

Oh! Je ne saurais avoir la prétention de faire ce qu'on appelle le bonheur d'une femme. Et celle qui consentirait à m'accueillir sans réserve dans son amitié, qui me permettrait d'avoir pour elle la plus profonde reconnaissance, celle-là ne serait pas, hélas! exposée de ma part à ces drames de passion, à ces accès de jalousie, à ces furieuses ardeurs dont les jeunes gens font leur mérite par trop unique. Je sais que les grandes exigences ne peuvent plus m'appartenir et je ne m'autoriserais qu'aux plus discrètes.

GISELLE

Un tel désir, appuyé comme vous pouvez
le faire, doit vous être facile à réaliser. Vous
n'avez qu'à le manifester devant qui accepte-
rait de vous entendre.

SAFFRE

J'ai de plus hautes ambitions, et c'est l'amitié d'une créature d'élite que je convoite. Ce
qui me plaît en elle, c'est sa douceur et sa
loyauté. Et c'est un sentiment que j'éprouve
pour la première fois, celui qui me fait souhaiter qu'elle me permette des confidences
dont je suis, à l'ordinaire, peu prodigue, vous
le croirez. Ce sentiment, je ne l'ai jamais
ressenti, je vous le jure, et jusqu'à présent,
j'ignorais une telle plénitude d'émotion.

GISELLE

Vous avez, près de vous, une affection qui
a subi l'épreuve de la durée...

SAFFRE

Celle de ma femme !... La baronne se retrauche derrière les soins incessants et minutieux d'une maladie dont elle exagère la gravité afin de se dispenser des habituelles excuses, afin de pouvoir, sans s'expliquer, se renfermer dans de longues et silencieuses méditations. Réfléchit-elle réellement ou laisse-t-elle, pendant ce temps, sommeiller sa pensée? Je n'en sais rien. Elle demeure mystérieuse. Me confier à elle !... Mais elle m'immolerait de ses propres mains si elle savait que cela pût prolonger sa vie d'une heure.

GISELLE

N'avez-vous point vos filles ?

SAFFRE

C'est être peu généreuse que de m'en parler à ce propos. Mes filles demeureraient stupides d'étonnement si je leur donnais à entendre que je compte sur elles. Mon fils m'écouterait en pensant au treizième siècle...

GISELLE

N'avez-vous pas d'amis ?

SAFFRE

Vous savez bien qu'au-dessus d'un certain revenu on ne peut plus dire qu'on en a un vrai. La tendresse que je recherche ne saurait éclore que dans un cœur de jeune femme et ne pourrait avoir toute sa douceur qu'accompagnée de beauté. Moi qu'on envie, j'ai besoin qu'on me plaigne. J'ai besoin qu'on panse avec des mains élégantes et fines ces petites plaies que j'ai au cœur et que je n'avoue pas.

GROMMELAIN, *entrant*, à *Saffre*.

On vient de téléphoner du cercle. Son Altesse Royale, après avoir perdu tout ce qu'elle voulait, a repris une banque de cinq cents louis. On ne compte plus qu'elle en ait pour longtemps.

SAFFRE

Hélas ! En ce moment, je perds sans jouer. C'est moi qui paierai...

2.

GROMMELAIN

Le baron Saffre ne pourrait acheter trop cher l'honneur et le plaisir de traiter un grand-duc héritier comme un égal. (*Il sort.*)

SAFFRE, à *Giselle*.

Voilà ce que je puis attendre de mon gendre le comte de Grommelain : des impertinences. Malgré l'exemple de mon aïeul, M. Poirier, la baronne a voulu avoir un gendre gentilhomme : il semble me reprocher chaque jour le bienfait dont il m'a gratifié en daignant accepter ma fille et mes millions. Il est vrai qu'elles sont minces, les joies qu'il reçoit de sa femme détraquée par la morphine et dépourvue de jugement. Enfin ! C'est ma fille... n'en parlons pas... (*Olivier Bréhant entre par la porte de gauche premier plan.*)

BREHANT

Mon cher beau-père, est-ce que Son Altesse Royale...

SAFFRE

Son Altesse Royale perd votre héritage au baccarat, mon cher Olivier.

BREHANT

Qu'importe ! N'êtes-vous point là pour réparer ces brèches par votre force et votre habileté ?... Mon cher beau-père, c'est maman qui m'envoyait aux nouvelles.

SAFFRE

Comment va-t-elle ?

BREHANT

Aussi bien qu'elle peut. Elle voudrait, sans être vue, admirer le coup d'œil de la fête dont je lui ai dit les merveilles.

SAFFRE

Que n'y assiste-t-elle ? Son absence est-elle une marque silencieuse, comme à l'habitude, de désapprobation ?

BREHANT

Elle a été réellement un peu souffrante.

SAFFRE

Oui ?

BREHANT

Son intention est de venir ici quelques se-
condes, en profitant du brouhaha qui se pro-
duira lors de l'arrivée de Son Altesse Royale.
(*Il sort.*)

SAFFRE, *avec un sourire méchant.*

Celui-là, mon second gendre, c'est ma ven-
geance. Ma femme avait voulu un noble pour
Marie-Blanche. Moi, lorsque Julienne, en âge
d'être mariée, a été sollicitée malgré sa diffor-
mité, j'ai été ravi du tour que nous a joué
cette canaille-là : fils d'un de mes compa-
gnons de collège, il a profité de sa camarade-
rie avec ma fille pour la rendre folle de lui. Un
simple employé à trois mille francs... J'en ai

ri tout seul pendant huit jours... Et la baronne
et sa Julienne le font pivoter comme si elles
étaient des chefs de bureau grincheux. Lui,
ne bronche pas, il appelle maman la baronne
qui le hait et il me rend grand-père tous les
dix-huit mois... Ah! ah! ah! Brave garçon,
va!... Voilà ma famille, et c'est là que vous
m'envoyiez me confier et me faire cajoler!
Non. Je veux conquérir l'amie dont je vous
parlais. Et si ma fatuité ne se prétend pas capable de faire une heureuse, il est du moins
en mon pouvoir qu'elle soit distraite de tout
chagrin, exaucée dans ses plus tyranniques
fantaisies... Mon dévouement se fait fort aussi
d'aplanir ces difficultés imprévues, ces obs-
tacles qui, tout d'un coup, hérissent parfois les
existences. Cette vie de Paris est si dure à
mener! il y a souvent tant de désastres sous
cette folie de plaisirs! (*Presque durement,
avec un regard direct.*) Vous ne vous doutez
pas de cela, vous?

GISELLE

Non.

SAFFRE

Ah ! (*Un silence.*) Mais si bien que l'on soit pourvu de nécessaire, est-ce qu'il n'y a pas mille extravagances qu'une jeune et jolie tête doit songer constamment à réaliser?... Et non seulement des extravagances... Voyez-vous, un désir de femme, quel qu'il soit...

GISELLE

Je ne suis pas ambitieuse.

SAFFRE

Vous ignorez encore que vous l'êtes parce que vous n'avez pas touché à la domination. Savez-vous ce qui me paie de mon labeur écrasant, de mes veillées, de mes migraines, de mes angoisses? Ce n'est pas l'argent qui peut m'en revenir, c'est la joie que j'éprouve, dans des soirées comme celle-ci, de me sentir par quelque point, si infime qu'il soit, le souverain dispensateur de bienfaits pour tous ceux qui sont là... Ce que je vous offre, c'est la domination du dominateur. Je tends vers vous des mains qui demandent des chaînes.

GISELLE

Gardez-les libres, cela vaut mieux.

SAFFRE

Allons donc! Qui n'est pas ambitieux?... Voilà votre mari : il possède tout ce qu'on peut désirer : la fortune, n'est-ce pas? un beau nom et vous-même. Pourquoi donc, au lieu de se tenir tranquille dans une maison d'oisiveté et de bonheur, agite-t-il des projets de toutes sortes dont il m'a parlé et qui ne seraient point tous de pures rêveries si je leur apportais le concours de mon expérience et de mon autorité? Il a de l'ambition, vous dis-je. Mais puisque vous n'en avez point, vous, ne parlons plus de cela. Ce n'est pas parce que cette alliée me fera défaut que je renoncerai à vous conquérir.

GISELLE

J'aperçois mon mari.

SAFFRE

Le voici en effet avec mon fils... Que vous disais-je?... (*Paraissent, à droite, Jacques d'Exireuil, Arthur Saffre. Ce dernier reste sur le pas de la porte. Saffre va au-devant d'Exireuil.*) Je suis, monsieur, obligé de quitter la charmante compagnie de madame d'Exireuil, je vous laisse avec elle. Mais n'oubliez pas que votre présence est souhaitée dans cette loge et que vous me désobligeriez en n'y venant pas finir la soirée.

JACQUES

Vraiment je...

SAFFRE, *à son fils, en sortant avec lui.*

Alors, tu veux que je te présente à M. Andoche, membre de l'Institut... (*Ils sortent.*)

SCÈNE III

GISELLE, JACQUES D'EXIREUIL

JACQUES

Il est charmant! Vous ne sauriez croire
combien je suis heureux de son bon accueil.
Mais plus que vous ne le croyez. Cela me permet d'espérer la réalisation, qui m'importe
beaucoup, des projets que je vous ai dits.

GISELLE

Vous y pensez toujours?

JACQUES

Toujours. C'est une affaire superbe et qui
ne peut réussir qu'avec l'appui du baron.

GISELLE

Vous devriez y renoncer.

JACQUES

Non, certes.

GISELLE

Avons-nous besoin d'être plus riches ?

JACQUES

Oui. Nous avons de la peine à garder notre rang. Ne vous en êtes-vous point aperçue ?

GISELLE

Mais non.

JACQUES, *tendre.*

C'est à se mettre à vos genoux, de vous entendre mentir avec une aussi délicate bonté.

GISELLE

Oh ! Jacques !

JACQUES

Vous avez presque tout deviné et vous vous êtes gentiment dérobée à toute explication... Pourtant je vous ai fait souffrir.

GISELLE

Moi ! Vous !

JACQUES

Oui. Je me rends bien compte que dans l'espèce d'agitation nerveuse où je me débattais, je me suis laissé aller à des brusqueries de paroles dont vous avez eu le scrupule de ne pas vous apercevoir et de ne pas vouloir connaître la cause.

GISELLE

Ce n'est pas pendant que vous dirigiez la barque dans la tempête que j'allais vous demander, moi ignorante, le motif de vos préoccupations ou de telle et telle manœuvre. Je me suis rappelé l'avis : « Défense de parler au Capitaine ». Et j'éprouvais au contraire une douceur à me reposer sur vous. C'est très bon, d'avoir confiance.

JACQUES

Meilleur encore, de voir qu'on l'inspire.

GISELLE, *gaiement*.

Vous ne savez pas : J'ai réduit mes dépenses.

Oui. Et jamais je n'ai été aussi heureuse. Il me semble que vous avez besoin de moi et que je vous aide. De croire que je me sacrifie un peu, j'ai un petit je ne sais quoi d'orgueil. Et cela ne me coûte pas, croyez-le : rien n'est moins lourd à porter qu'un panache. Je me fais l'effet d'être une petite femme courageuse. Vous savez ce que me racontait ma grand'mère, de la sienne, lorsque, pendant l'émigration de 95, elle vendait des dentelles à Londres avec la comtesse de Sasseval et la marquise des Réaux, dans une petite boutique du Strand? Je me donne de l'héroïsme à bon compte. Laissez-moi donc le plaisir de continuer. Nous aurons toujours assez pour vivre, n'est-ce pas?... Même, on quitterait Paris et l'on irait surveiller des récoltes à la campagne...

JACQUES, *riant.*

Je ne vous vois guère fermière qu'à Trianon.

GISELLE

Pourquoi?... Quel malheur de ne pas avoir

dans un coin perdu de province des parents,
oncle ou tante, à qui l'on demanderait l'hos-
pitalité et chez qui l'on vivrait, très pauvres et
très heureux.

JACQUES

Puisque nous n'en avons pas, il faut se résigner à devenir très riches à Paris.

GISELLE

Si vous avez peur de la province, restons
ici, ne vous engagez pas dans ces affaires, et
restreignons notre train de maison.

JACQUES

N'est-ce point déjà fait? N'avons-nous pas
vendu nos chevaux, que Brig consent à nous
louer jusqu'à ce qu'il ait trouvé un acquéreur?

GISELLE

Je n'aime plus guère monter.

JACQUES

Et lorsque vous avez parlé d'une toilette

pour la fête de ce soir, n'ai-je point été con-
traint à vous dire : Est-ce bien indispensable?

GISELLE

Vous aviez raison : nous sommes à la fin de
l'hiver.

JACQUES

Comme je vous ai été reconnaissant de ne
pas avoir insisté et de m'avoir compris... Je ne
vous ai rien dit, et ce sont les mots que nous
n'avons pas prononcés, l'un et l'autre, qui ont
eu un singulier pouvoir d'émotion.

GISELLE

Vraiment tu m'en as su gré! Que je suis
heureuse! Vraiment tu te le rappelles! Tu as
vu que j'ai triomphé de ma coquetterie?

JACQUES

C'était il y a quinze jours, quand nous avons
reçu le carton : « Le baron et la baronne
Saffre prient M. et madame d'Exireuil de leur
faire l'honneur... » tu as dit : « N'y allons
pas. »

GISELLE

Oui.

JACQUES

Et c'est parce que tu n'avais pas de toilette.

GISELLE

Oh!...

JACQUES

Attends. J'étais, le matin, dans ta chambre. Tu buvais une tasse de thé et tu n'étais pas encore coiffée. Comme j'insistai, tu as réfléchi.

GISELLE

Oui.

JACQUES

Beaucoup. Une chose très grave s'élaborait dans cette petite tête-là, et après avoir posé ta tasse, tu as dit, très sérieuse : « Alors, je commanderai une robe en satin blanc, très Louis XV, avec des broderies vieux rose. » Laisse-moi continuer. C'est là que je t'ai demandé s'il ne te serait pas possible... Tu m'as regardé un peu longuement, puis tu t'es levée pour venir vers moi. Et ce que tu as fait après, t'en souviens-tu?

GISELLE

Non.

JACQUES

Je vais te le dire.

GISELLE

On peut?

JACQUES

A peine. Tu as dit un gros mot et tu as injurié la monarchie.

GISELLE

Oh!

JACQUES

Tu as dit : « Flûte ! Flûte pour le vieux rose... et pour Louis XV ! »

GISELLE

Pauvre Louis XV !

JACQUES, *tendresse grave, bas.*

Je t'aime, Giselle ! Levons-nous et mar-

chons parce que j'ai une envie folle de t'em-
brasser.

GISELLE

Moi aussi. (*Serrement de mains furtif.*)

JACQUES

Nous allons être ridicules. Venez. (*Ils se
dirigent vers le salon du fond où ils rencon-
trent Olivier Brehant, Grommelain et la
princesse. La princesse et madame d'Exireuil causent ensemble.*)

GROMMELAIN, à *Exireuil, présentant.*

Mon beau-frère, M. Olivier Brehant. M. Jacques d'Exireuil.

OLIVIER, à *Jacques.*

Je suis heureux de vous être présenté, monsieur, car nous sommes, je crois, appelés à nous
rencontrer souvent au Rallye-Club dont j'espère bientôt faire partie.

JACQUES

Vous me voyez ravi, monsieur. (*Il va re-*

3.

joindre au fond la princesse et Giselle. Ces trois personnages restent visibles pendant toute la scène suivante. Grommelain descend en scène comme pour abandonner Olivier qui le suit avec un empressement de solliciteur.)

OLIVIER, à *Grommelain.*

Je n'avais pas encore osé vous avouer cette petite ambition, que je voudrais voir approuvée et soutenue par vous.

SCÈNE IV

GROMMELAIN, BREHANT. *Dans le fond,* JACQUES, GISELLE *et* LA PRINCESSE

GROMMELAIN

Au Rallye-Club, mon cher Olivier!... Vous voulez vous présenter au Rallye-Club? Dès cette année?... Mazette! Pourquoi pas au Steeple-Club, pendant que vous y êtes? Ou à

l'un des Cercles de la rue de la Concorde?...
Voire même au Turf?

BREHANT

Vous supposez donc que cela m'est si impossible que cela?

GROMMELAIN

Trop tôt, mon ami!... Beaucoup trop tôt!...
Vous ne pouvez pas commencer à avoir des
chances avant un an ou deux. Et encore il
vous faudra faire une rude besogne d'ici là.

BREHANT

Cependant, je me suis déjà donné bien du
mal. Selon votre avis, je me suis fait recevoir
au Horse and Dog, au Little Bar... dont l'entrée
est plus facile...

GROMMELAIN

Vous allez vous fourrer dans un guêpier.

BREHANT

A propos de quoi?

GROMMELAIN

Euh! Euh! C'est difficile à dire! Tenez, laissez-moi opérer le sujet où nous sommes avec une brutalité de chirurgien. Ecoutez et ne criez pas, c'est pour votre bien. En vous mariant vous avez fait un beau coup de fortune, n'est-ce pas? Eh bien, la plupart des membres du Rallye, tous ceux dont le sort est moins fortuné, peuvent, voudront vous faire payer votre succès et s'en dédommager par le refus d'agréer en leur compagnie le gendre du baron Saffre.

BREHANT

Mais vous êtes bien, vous, du Rallye.

GROMMELAIN

Je m'appelle Grommelain... (*Un temps.*) Pourquoi ne vous achetez-vous pas un titre?

BREHANT

J'y ai pensé. Mais j'ai craint de m'aliéner les dispositions des nobles... des autres nobles, ceux qui le sont... de naissance.

GROMMELAIN

Bah! Maintenant nous nous résignons à prendre cela comme un hommage.

BREHANT

Vous me donniez plus d'espérances quand vous m'avez engagé à acheter les yearlings de Foncedrecq. J'ai été très chic, il me semble. Je n'ai pas lésiné. J'ai fait tout payer très largement par notre beau-père... Et puis, au bout de ces sacrifices-là, vous me racontez que je ne suis pas plus avancé qu'au premier jour!

GROMMELAIN

Mais si! Mais si! Tout cela est excellent! Seulement vous n'avez pas fini de semer et vous voudriez déjà cueillir!

BREHANT

Dans toutes les bonnes œuvres ma femme est participante, ou du moins dans toutes les bonnes listes d'œuvres.

GROMMELAIN

Bravo! C'est parfait! Vous n'étiez rien,

vous ne comptiez pas. Désormais, vous avez
une existence mondaine, vous êtes sur le ta-
bleau d'avancement de la haute société...
Ainsi, au Rallye-Club, j'ai même entendu
parler un peu de vous.

BREHANT

Ah! Et vous ne le disiez pas?

GROMMELAIN

C'est que l'on pariait que vous n'en seriez
jamais. Votre candidature paraissait impossible au plus grand nombre. Eh bien, cela est
encore excellent. Voilà un grand pas de fait.
L'année dernière on n'aurait même pas pu
prononcer votre nom ou bien personne n'aurait pris la peine de protester.

BREHANT, suivant son idée.

Je ne néglige rien... Vous n'avez pas vu le
Journal du Racing? J'y ai fait passer une note
à propos du domaine d'Ozerpie que le baron
vient d'acheter.

GROMMELAIN

Non. Je ne l'ai point vu.

BREHANT

J'en ai justement un numéro sur moi. (*Il le lui montre.*) Ici... vous voyez, en tête de la colonne...

GROMMELAIN

Je vois.

BREHANT

C'est très élogieux...

GROMMELAIN, *lisant, piqué.*

« Le maître d'équipage sera le deuxième gendre du baron Saffre, le sportsman bien connu. » Eh bien, et moi?

BREHANT

Il y a aussi une phrase gracieuse pour vous. « Le baron ne risquait pas d'être pris au dépourvu, ayant, en outre, pour confier sa meute à de bonnes mains, un autre gendre en réserve. »

GROMMELAIN

Grand merci.

BREHANT

Cela ne vous contrarie pas au moins?

GROMMELAIN

Pas du tout.

BREHANT

J'ai acheté tous les ouvrages de vénerie.

GROMMELAIN

Mes compliments. (*Il continue à lire le journal.*)

LA PRINCESSE, à *Roger d'Iancey qui cause avec elle depuis un moment. Jacques et Giselle ont disparu.*

C'est elle qui va jouer Colin. Vous lui direz que personne n'admire autant que moi son talent et sa beauté, et que je serais heureuse de le lui déclarer moi-même. Si elle a une minute à me donner, vous viendrez me cher- cher ici. Je vous attends. Allez, mon cher ami.

IANCEY

Oui, princesse. (*Il sort par la gauche.*)

GROMMELAIN, à *Brehant, apercevant
la princesse.*

Je vais vous donner un bon conseil pour
votre admission au Rallye-Club. Faites donc
la cour à la princesse Nagear.

BREHANT, *effaré.*

Vous n'y pensez pas.

GROMMELAIN

Est-ce qu'elle vous dégoûte?

BREHANT

Parbleu non! Seulement si Julienne appre-
nait cela...

GROMMELAIN

Eh bien? (*La princesse s'approche.*)

LA PRINCESSE

Je ne suis pas indiscrète?

GROMMELAIN

Nous parlions de vous. M. Brehant me disait que vous aviez fait sur lui la plus vive
impression.

BREHANT

Non... non... Oui... Si j'étais libre. Ah! si
j'étais libre! Mais je ne le suis pas... Rien
qu'en ce moment, si mon beau-frère n'était
pas là, et si ma femme nous voyait...

LA PRINCESSE

Mais elle ne nous voit pas.

BREHANT

Je n'en suis pas certain.

GROMMELAIN

Elle est donc bien jalouse?

BREHANT

Jalouse!... Mais si elle tenait des motifs,
c'est une femme capable de... de... de tout.

LA PRINCESSE

Elle me vitriolerait?

BREHANT

Ah! bien, ouiche! Elle demanderait contre moi sa séparation, son divorce...

GROMMELAIN

Et vous ne seriez plus le gendre du baron Saffre.

BREHANT

Me voyez-vous, moi, devenu un petit monsieur, ne sachant que faire, me cherchant un but dans l'existence, une situation?

LA PRINCESSE

Il ne faut pas que cela arrive. Avec votre élégance, votre distinction naturelle, la fortune vous est indispensable. Vous l'avez maintenant. Surtout ne la lâchez pas. On ne vous verrait pas sans elle.

BREHANT

N'est-ce pas?

GROMMELAIN

On ne vous verrait pas. (*Il s'éloigne.*)

LA PRINCESSE

Aussi, je vous approuve pleinement d'être décidé à ne pas tromper votre femme.

BREHANT

Mais le malheur, c'est que je n'y suis pas décidé du tout ! Tenez, quand je fais des rêves, il m'arrive de souhaiter d'être tout à coup un homme qui se sente à l'abri de toute folie, mûr, tranquille.

LA PRINCESSE

Rassis.

BREHANT

Oui... Tant que je n'en serai pas là, avec les vivacités que je me connais, je n'aurai pas de sécurité. Ainsi lorsque je vous vois, que je vous parle, que vous me regardez comme vous le faites en ce moment, je me méfie de moi, je me tiens à quatre. Je voudrais être vieux et je suis content d'être jeune, et j'ai une peur bleue de voir s'ouvrir cette porte. Ne restons pas là.

LA PRINCESSE, *s'asseyant.*

Ma foi! Vous m'amusez. J'ai au contraire
envie de rester, pour voir.

BREHANT, à *Grommelain.*

Mon cher comte, ne vous éloignez pas,
venez donc un peu, cher ami...

GROMMELAIN

Je craignais de vous déranger.

BREHANT

Au contraire. (*Entre par la gauche Marie-
Blanche.*)

MARIE-BLANCHE

Olivier, votre femme vous demande. Tout
de suite.

BREHANT

Vous voyez!... J'y vais! J'y vais! (*A la
princesse.*) Vous voyez! (*Il sort.*)

SCÈNE V

GROMMELAIN, LA PRINCESSE, MARIE-BLANCHE.
Ils se mettent à rire.

LA PRINCESSE

Il me doit ma revanche !... Mais il est très amusant ! Un peu... comment dirais-je... un peu...

GROMMELAIN

Mufle.

LA PRINCESSE

Merci.

GROMMELAIN

Il appartient à la pire espèce des parvenus, celle qui ne s'est point dégrossie à la peine, polie dans la lutte, affinée avec le temps. Songez à ce que c'est qu'un individu qui, sans l'excuse de la naissance ou d'une valeur personnelle, sans la vraisemblance d'être amou-

reux, n'a pas eu de scrupules pour épouser la
fortune d'une créature disgraciée physique-
ment, à laquelle il n'apporte de son chef que
des bottines à ressemeler et du linge à blan-
chir. Et ils ont l'air de deux tourtereaux.

MARIE-BLANCHE

Cela doit être bien vilain !

LA PRINCESSE

On dirait que vous ne les aimez pas.

MARIE-BLANCHE

Ils m'agacent tous les deux... Ma sœur surtout avec ses airs de matrone. Elle regarde
le monde avec mépris, du haut de sa vertu
inattaquée et de sa fécondité inlassable.

IANCEY, *entrant, offrant le bras à la princesse.*

Princesse...

LA PRINCESSE

Eh bien ?

IANCEY

Elle est naturellement très flattée.

LA PRINCESSE

Je puis la voir ?

IANCEY

Elle vous attend. Je vais vous conduire auprès d'elle.

LA PRINCESSE

Merci. (*Ils sortent par la gauche.*)

GROMMELAIN, *à Marie-Blanche.*

Olivier vient de me lire un article de journal sur l'équipage de chasse que votre père s'est monté. C'est lui le maître d'équipage ! C'est admirable !

MARIE-BLANCHE

J'espère vous avoir dit assez nettement combien papa agissait mal à votre égard dans cette affaire.

GROMMELAIN

C'est à lui que vous auriez dû le dire... Et très raide ! Vous êtes sa fille, en somme, vous avez bien le droit de parler.

MARIE-BLANCHE

Papa ne supporte plus rien de moi.

GROMMELAIN

Et pourquoi cela, s'il vous plaît?

MARIE-BLANCHE

Depuis que vous avez eu des attrapades avec lui et que vous lui battez froid. Il me prend pour votre porte-paroles.

GROMMELAIN, *après un court silence.*

Il paraît que votre beau-frère Olivier est un chasseur de race. Ma parole! C'est imprimé. J'en reste encore rêveur! De race!... Alors, cela signifierait donc qu'il y a des piqueux dans sa famille ou qu'il descend d'une lignée de rabatteurs? (*Il va pour sortir et revient.*) Dites moi... comme nous ne nous voyons qu'aux repas et que les enfants sont là, je suis bien forcé de saisir ce moment pour vous adresser une prière, que j'aurais trouvé l'occasion de vous faire en voiture si nous

étions venus ensemble. Je voudrais que votre
femme de chambre eût un peu plus de réserve.

MARIE-BLANCHE

Mais si elle vous a déplu...

GROMMELAIN

Non, pas d'histoires, je vous en prie. Celle-
ci ou une autre, elles se valent toutes. Gardez-
la. Mieux vaut ne pas ouvrir la place à une
nouvelle.

MARIE BLANCHE

Qu'a-t-elle fait ?

GROMMELAIN

L'autre jour, je l'ai entendue qui bavardait,
plus haut qu'il n'aurait convenu, avec le valet
de chambre, le valet de pied, toute une vale-
taille qu'elle faisait s'esclaffer par des histoires
bêtes et vilaines sur la maison.

MARIE-BLANCHE

Qu'est-ce qu'elle disait ?

GROMMELAIN

Laissons cela.

MARIE-BLANCHE

J'aurais cependant bien le droit de savoir.

GROMMELAIN

C'était très désobligeant pour vous... Et surtout trop bruyant.

MARIE-BLANCHE

Mais...

GROMMELAIN

C'est bien. Voici M. Roger d'Iancey qui vous cherche sans doute. Je vous laisse avec lui, sachant que cela ne vous est pas désagréable. (*Iancey entre par la gauche, Grommelain sort par la droite.*)

SCÈNE VI

MARIE-BLANCHE, ROGER D'IANCEY

MARIE-BLANCHE

Figurez-vous... Je crois que mon mari sait tout...

IANCEY

Bah !

MARIE-BLANCHE

Nous verrons. D'où venez-vous par là ?

IANCEY

De conduire la princesse Nagear dans les coulisses.

MARIE-BLANCHE

Elle vous fait la cour ?

IANCEY

Vous êtes folle !

MARIE-BLANCHE

Je le sais... Si ! si ! elle vous fait la cour. Je
la connais peut-être !

IANCEY

Je vous affirme...

MARIE-BLANCHE

Oh ! mais ! C'est que je ne lui confierais pas
mon chien.

IANCEY

On n'a rien trouvé encore de bien positif
sur elle.

MARIE-BLANCHE

Il me suffit, pour être fixée, de voir sa ti-
gnasse rousse, et ses grands yeux de biche...

IANCEY

Ça n'empêche pas qu'elle est très jolie.

MARIE-BLANCHE

Ça n'empêche pas non plus que je serais cu-
rieuse de savoir pourquoi elle a dû quitter son
prince de mari.

4.

IANCEY

Tout bonnement parce qu'il n'avait plus le
sou.

MARIE-BLANCHE

Alors qui est-ce maintenant qui paye ses dépenses ?

IANCEY

Il lui est peut-être resté à elle, de la fortune
personnelle.

MARIE-BLANCHE, *pouffant de rire.*

Ah bien ! sa fortune personnelle, oui, je vois
d'ici en quoi elle consiste !... Dans quel intérêt répand-elle le bruit qu'il est question de
vous marier?

IANCEY

Dans aucun intérêt. Il en est question, en
effet.

MARIE-BLANCHE

Tu veux rire ?

IANCEY

Pas du tout. Ça paraît même prendre une
tournure très sérieuse.

MARIE-BLANCHE

Comment ! C'était en train ! Tu me le ca-
chais ! Et tu as le toupet de me jeter cela au
nez tout d'un coup !

IANCEY

Tu penses bien que tu es la première dont
j'avais à prendre l'avis, dès qu'il ne se serait
plus agi de mots en l'air.

MARIE-BLANCHE

Tu me dis cela avec cette tranquillité.
Alors, tu t'imagines que je vais te laisser...

IANCEY

C'est ma mère qui a tout manigancé et seulement ce matin j'ai été prévenu que c'était en
bonne voie, même avancé.

MARIE-BLANCHE

Même avancé !... Parbleu, tu me crois assez

bête pour ne plus rien dire à la veille de la publication des bans. Mon petit, tu te trompes !

IANCEY

Parle moins haut. Veux-tu que je te dise de qui il s'agit ?...

MARIE-BLANCHE

Si tu veux.

IANCEY

De mademoiselle de Latterrencoux.

MARIE-BLANCHE

Latterrencoux-Groenne ?

IANCEY

Non pas : Latterrencoux-Vaucluse.

MARIE-BLANCHE, *désarmée.*

La dernière fille de la duchesse, alors ?

IANCEY

Parfaitement.

MARIE-BLANCHE

Il est certain que cette union-là serait pour
toi d'une importance énorme.

IANCEY

N'est-ce pas?

MARIE-BLANCHE, *après un silence.*

Tout de même, il y a deux ans et demi que
ça dure, nous deux...

IANCEY

Tu es véritablement une amie.

MARIE-BLANCHE, *essuyant une larme de son
petit doigt.*

Mon chéri!... Mignon chéri!... Si je ne voulais pas que tu te maries, dis?... Tu ne te ma-
rierais pas?

IANCEY

Bien sûr.

MARIE-BLANCHE

Ça ne nous empêchera pas de nous aimer
toujours comme aujourd'hui?

IANCEY

Naturellement. *Entre Brehant.)*

BREHANT

On vient de téléphoner du Cercle... Son Altesse monte en voiture... Où est le baron... Ah ! le voici... (*Entrent Saffre et Giselle.*) On vient de téléphoner du Cercle...

SAFFRE

Je sais... Je sais...

MARIE-BLANCHE

Allons toujours prendre nos places dans le premier salon. (*A Iancey.*) Vous venez... (*Ils sortent tous les deux.*)

BREHANT

Je vais prévenir maman. (*Il sort par la petite porte de gauche.*)

SCÈNE VII

SAFFRE, GISELLE

SAFFRE

Quand vous reverrai-je ?

GISELLE

Je ne sais. (*Tout à coup, l'orchestre entonne un air solennel, l'hymne national d'Esclavonie.*)

SAFFRE

Cette fois, voici le grand-duc. Excusez-moi. Et attendez ici M. d'Exireuil à qui j'ai demandé l'honneur de vous y conduire et qui viendra vous y rechercher. Quand vous reverrai-je ?

GISELLE

Je ne sais...

SAFFRE

Je veux vous revoir bientôt. Je le veux. A

bientôt... Je ne vais rêver que de vous !...
Tâchez de penser à moi. (*Il lui serre la main
et s'éloigne.*)

GISELLE

Oh ! Vous m'avez fait mal...

SCÈNE VIII

GISELLE, *puis* BREHANT, *puis* LA BARONNE

GISELLE, *seule*.

Pourquoi ne l'ai-je pas fait taire ?... (*Brehant
ouvre la petite porte de gauche. Il ne voit
pas Giselle.*)

BREHANT

Oui, maman, vous pouvez venir.

GISELLE, à *mi-voix*.

La baronne Saffre !... (*Paraît la baronne,
petite, vieille et mince. Elle fait signe à
Brehant de la laisser. L'hymne continue*

jusqu'à sa sortie. Elle traverse lentement la scène, va jusqu'au rebord de la loge, regarde sans se pencher, puis se retourne, revient du même pas, avec un demi-sourire et en secouant la tête. Sur le pas de la petite porte, elle se retourne encore et aperçoit Giselle. Les deux femmes échangent un salut cérémonieux. La baronne sort.)

SCÈNE IX

La famille SAFFRE, *les invités,* LE GRAND-DUC, GISELLE. *Brouhaha à la porte de droite. Paraît, au bras de Catherine Saffre, le grand-duc, glabre, pansu, ensommeillé. De temps en temps, il fait entendre un sourd grognement qui est sa réponse à tout.*

SAFFRE

Monseigneur, la comédie commencera lorsque Votre Altesse daignera en exprimer le désir.

LE GRAND-DUC

Ron.

5

SAFFRE

Je suis particulièrement heureux que Votre Altesse m'ait fait l'honneur d'assister à l'inauguration de ma nouvelle demeure.

LE GRAND-DUC

Ron.

SAFFRE

Si Votre Altesse veut bien prendre place... (*Il fait signe à Catherine. Elle conduit l'Altesse au siège qui lui est réservé. La princesse entre par la porte de gauche.*)

LE GRAND-DUC

Ron. (*On l'installe.*)

RIDEAU

ACTE DEUXIÈME

ACTE DEUXIÈME

Un salon chez les Exireuil.

SCÈNE PREMIÈRE

MARIE-BLANCHE, GISELLE

MARIE-BLANCHE

Vous n'étiez pas à l'Opéra, hier?

GISELLE

Non.

MARIE-BLANCHE

J'ai cherché M. d'Exireuil dans le fond de la
loge de papa. D'où j'étais on voyait mal. Il
n'y était pas non plus, n'est-ce pas?

GISELLE

Non.

MARIE-BLANCHE

Il est à Paris, cependant ?... Papa avait un air d'avaler sa canne... Pardon. Nous avions dans notre loge la princesse Nagear et le petit Lionel de Forléaux. Vous le connaissez ?

GISELLE

Je ne crois pas.

MARIE-BLANCHE

Il est tout jeune. Un enfant, même. Mais bien joli... Il n'ose pas encore parler aux femmes, et dans son désir de se rapprocher de moi, il faisait la conversation avec mon mari, le pauvre petit. Vous savez que le mariage de Roger d'Iancey est très prochain ?

GISELLE

Oui, je sais.

MARIE-BLANCHE

Ce n'est pas mademoiselle de Latterrencoux-Groenne qu'il épouse, comme on l'a cru, c'est mademoiselle Laterrencoux-Vaucluse, la dernière fille de la duchesse.

GISELLE

Parfaitement.

MARIE-BLANCHE

C'est une union d'une importance énorme.

GISELLE

On s'est même étonné que le lieutenant Roger d'Iancey ait ainsi gagné tout de go son entrée dans une famille ducale.

MARIE-BLANCHE

Je suis très heureuse de ce qui lui arrive, car il est pour moi un très bon, un très cher ami.

GISELLE

Le choix dont il a été l'objet prouve ses qualités.

MARIE-BLANCHE

Roger n'était capable que d'un mariage pareil où tout est réuni, grand nom, grande situation, grande fortune...

GISELLE

Il a des idées élevées.

MARIE-BLANCHE

Oui.

GISELLE

Sainte-Clotilde perd une belle cérémonie.

MARIE-BLANCHE

Comment cela ?

GISELLE

Le mariage ne sera-t-il pas célébré dans la chapelle du château ?

MARIE-BLANCHE

Mais pas du tout... J'en aurais été prévenue.

GISELLE

Il paraît que si... jeudi en quinze.

MARIE-BLANCHE

Qui vous l'a dit?

GISELLE

Mais un des proches parents de la fiancée, le baron de Beaujolais.

MARIE-BLANCHE

Ah ! c'est trop fort !

GISELLE

Je croyais que vous le saviez.

MARIE-BLANCHE

Et je ne suis pas invitée !

GISELLE

Seules seront présentes, a-t-il dit, une tren-
taine de personnes, en dehors des serviteurs
et des fermiers.

MARIE-BLANCHE

Eh bien, et les Chabouillaud !

GISELLE

Les Chabouillaud ?

MARIE-BLANCHE

M. d'Iancey est un Chabouillaud. Oui, ma
chère amie. Sa mère, née du Truffieux des
Mouchelys, est la petite-fille de M. Chabouillaud.

GISELLE

Elle est, je le vois, de petite noblesse.

MARIE-BLANCHE

Noblesse militaire, par les fournitures, et noblesse de robe, car M. Chabouillaud fréquenta dans la magistrature. Seulement cette fois, il était du mauvais côté du comptoir !

GISELLE

Je vous le répète, aucune personne, en dehors des deux familles, ne peut se formaliser de n'avoir pas été portée sur une liste d'invitations aussi strictement bornée.

MARIE-BLANCHE

Vous avez raison. (*Subitement, elle se met à rire.*) Savez-vous pourquoi je ris ?... C'est que... non, c'est trop drôle. (*Elle tire un mouchoir de son aumônière pour s'essuyer les yeux.*) C'est que je m'imagine, dans la chambre nuptiale, la petite Latterrencoux tendant à Roger ses bras noirauds et maigres, et offrant sa petite figure plate à la moustache

conjugale qui se hérissera d'horreur, je le
parie... (*Elle trouve à terre une seringue de
Pravaz qu'elle ramasse.*) Tiens ! tiens ! tiens !
Vous aussi ?

GISELLE

Quoi donc ?

MARIE-BLANCHE

Qu'est-ce que c'est que ce petit instru-
ment ?

GISELLE

Je ne sais pas...

MARIE-BLANCHE

Ne vous en défendez pas. (*Riant.*) Voilà la
pièce de conviction. Accusée, il ne vous reste
plus qu'à avouer !... Non ?...

GISELLE

Je vous assure...

MARIE-BLANCHE

La clef du paradis artificiel... Piqûre...
Morphine... Ah !...

GISELLE

Ce n'est pas à moi...

MARIE-BLANCHE

Alors, c'est la mienne, qui est sortie de l'étui et que j'ai fait tomber en prenant mon mouchoir. (*Elle fouille dans son aumônière.*) Mais oui ! (*Grave.*) Mon Dieu ! Si je ne l'avais pas retrouvée !... (*Elle renferme l'objet dans l'étui et dans son sac.*) Vous ne savez pas ce que c'est ?... Vous n'avez jamais essayé ?... Vous devriez essayer.

GISELLE

Dieu m'en garde !

MARIE-BLANCHE, *se levant.*

Oui, je sais que vous êtes parfaite... (*Entre ses dents.*) C'est énervant les gens parfaits...

GISELLE, *qui n'a pas entendu.*

Comment dites-vous ?

MARIE-BLANCHE

Rien. Je me gronde de mon étourderie...

Au **revoir**, chère madame. Je vais rassurer
papa sur votre santé. Il doit être tout inquiet
de ne vous avoir pas vue hier soir.

GISELLE

Il a, plus près de lui, des santés plus com-
promises.

MARIE-BLANCHE

C'est pour moi, cela ?

GISELLE

Pas le moins du monde. C'est pour madame
votre mère qui est toujours un peu souffrante,
je crois... et pour la jeune madame Saffre...

MARIE-BLANCHE

Allons, à bientôt.

GISELLE

A bientôt. (*Marie-Blanche sort. Giselle
reste seule pendant un moment, songeuse.
Entre le domestique qui, voyant Giselle, va
se retirer.*) Qu'est-ce que c'est ?

LE DOMESTIQUE

Je ne savais pas que madame était là. Ce sont des personnes qui désirent voir monsieur. Je vais les faire attendre dans le fumoir.

GISELLE

Non, non. Faites entrer ici. (*Elle sort. Le domestique introduit le marquis de Fé, 60 ans, et M. de Meuil, 30 ans.*)

LE DOMESTIQUE

Je vais prévenir monsieur.

MEUIL

Nous avons rendez-vous ici avec M. de Chalacet. Il n'est pas encore arrivé?

LE DOMESTIQUE

Non, monsieur.

LE MARQUIS

Quand il viendra, vous lui direz que nous sommes là.

LE DOMESTIQUE

Oui, monsieur le marquis. (*Il sort.*)

SCÈNE II

LE MARQUIS DE FÉ, M. DE MEUIL, *puis* M. DE CHALACET. *Attitude de visiteurs. Regards aux tableaux. Désœuvrement.*

LE MARQUIS

Étonnant qu'il ne soit pas à l'heure, Chalacet.

MEUIL

Il n'y a rien à dire. Soyez tranquille, il viendra : c'est lui le plus enragé.

LE MARQUIS, *après un temps.*

Tout de même, je voudrais bien que l'affaire se fît.

MEUIL

Moi aussi.

LE MARQUIS

Vous croyez qu'il marchera, Exireuil?

LE DOMESTIQUE

Monsieur prie ces messieurs de vouloir bien prendre patience pendant quelques minutes.

LE MARQUIS

Bien, merci.

MEUIL

Il acceptait bien de marcher pour les diamants, il ne refusera pas de marcher pour les sumacs.

LE MARQUIS

C'est la nécessité d'agir à si bref délai qui peut l'arrêter... (*Le domestique introduit Chalacet.*)

CHALACET

Je ne suis pas en retard ? (*Poignées de main.*) Exireuil ?

MEUIL

Nous l'attendons.

CHALACET

J'ai revu le prince Gaétan.

LE MARQUIS

Il part toujours demain soir ?

CHALACET

Toujours.

MEUIL

Il n'y a pas de temps à perdre.

CHALACET

Je ne sais si vous êtes comme moi, mais j'éprouve une petite fierté à faire ce que nous faisons.

LE MARQUIS

Il est certain qu'on ne pourra plus maintenant nous traiter d'oisifs.

CHALACET

Nous allons créer quelque chose. Voilà une île jusqu'ici improductive ; grâce à vous, à moi, à nous, enfin, des hommes plus nombreux l'habiteront, il en sortira des produits.

MEUIL

Le commerce... l'industrie...

LE MARQUIS

Tout cela par l'effort de quelques-uns de ces hommes du monde qu'on est si disposé à croire incapables.

CHALACET

Et qui cependant vont à la fois enrichir leur commanditaire et eux-mêmes.

LE MARQUIS, *avec un sourire et d'un autre ton.*

Dites donc... au club... lorsque dans six mois, dans un an, tout le monde apprendra comment nous aurons su nous débrouiller...

CHALACET

Et qu'on nous verra les mains pleines.

LE MARQUIS

... Et propres...

MEUIL

Oui, et propres. Ce qui me plaît dans cette affaire-là, c'est qu'elle ne peut prêter à l'équivoque... Elle est d'une telle simplicité...

CHALACET

Il n'y a plus qu'à la réussir.

MEUIL

Il faut la réussir.

LE MARQUIS

Il le faut. (*Entre Jacques.*)

SCÈNE III

LES MÊMES, JACQUES

JACQUES

Messieurs, vous m'excuserez... Asseyez-
vous!... Toujours jeune, mon cher ami!... As-
seyez-vous... Vous venez pour l'affaire des
diamants?

LE MARQUIS

Non.

MEUIL

Nous y renonçons, à l'affaire des diamants.

JACQUES

Comment... Vous...

CHALACET

Des diamants... c'est dans le fond de la terre. Il faut faire des trous à n'en plus finir, et quelquefois pour trouver des cailloux. Non.

LE MARQUIS

Nous avons mieux.

MEUIL ET CHALACET

Beaucoup, beaucoup mieux.

JACQUES

Mais encore hier, vous m'affirmiez que l'affaire était superbe...

CHALACET

Je ne dis pas. Mais nous avons mieux.

LE MARQUIS

Hier, on n'avait pas encore découvert, au club, le coup des maréchaux.

JACQUES

Le coup des...

LE MARQUIS

Voici, mon cher ami.

MEUIL

C'est moi, qui...

CHALACET

L'archiduc lui-même...

Ensemble.

CHALACET

Si nous parlons tous à la fois... Messieurs, n'oublions pas qu'il s'agit d'affaires importantes. Ayons de la méthode. Je vous en prie, ayons de la méthode.

LE MARQUIS

C'est cela. Ayons de la méthode.

MEUIL

Chalacet a raison. (*Silence.*)

CHALACET

Voulez-vous que je préside ?...

MEUIL

C'est cela...

CHALACET

Il faut nous habituer à être des hommes
d'affaires...

LE MARQUIS

Ah! non! non! Pas ce mot-là! Non! Nous
apportons une affaire au baron Saffre qui est
un homme d'affaires, mais nous, nous restons
en dehors des questions d'argent.

MEUIL

Au-dessus des questions d'argent.

LE MARQUIS

C'est cela, au-dessus.

CHALACET

Nous ne nous en occuperons que pour surveiller, diriger et toucher nos parts de béné-
fices.

MEUIL

Naturellement.

LE MARQUIS

Et encore, pas directement. Les sommes seront portées à nos comptes dans les caisses publiques à désigner...

MEUIL

Parfaitement.

LE MARQUIS

Restons des gens du monde.

MEUIL

Parfaitement.

CHALACET

Messieurs, je suis de votre avis.

LE MARQUIS

Parbleu!... Où en étions-nous?

JACQUES

Vous alliez commencer à me mettre au courant.

LE MARQUIS

C'est juste. Meuil, puisque c'est à vous que

le prince Gaétan a fait sa confidence, Chalacet
vous donne la parole.

MEUIL

D'abord déblayons le terrain.

CHALACET

C'est cela... Meuil a raison.

MEUIL

Mon cher, vous présidez et c'est vous qui
m'interrompez.

CHALACET

Je n'interromps pas. Je dirige la discussion.
Parlez.

MEUIL

Où en étais-je ?

JACQUES

Au déblaiement.

MEUIL

Au !... Ah oui ! Il n'est plus question de diamants, maintenant c'est de sumacs qu'il s'agit.

JACQUES

De sumacs?

LE MARQUIS

Le sumac est un autre nom de l'arbre que
tout le monde connaît sous celui de vernis du
Japon.

MEUIL

Je crois qu'il vaudrait mieux suivre la chronologie des faits, et partir du coup des maréchaux.

LE MARQUIS

On peut toujours mettre M. d'Exireuil au
courant de...

MEUIL

Comme vous voudrez, mon cher ami...

CHALACET

Alors, c'est à moi d'expliquer...

LE MARQUIS

Parfaitement, Chalacet. Parfaitement. (*A
Jacques.*) Vous savez l'île, de...

JACQUES

Qui appartient au Sultan de Mindanao, l'ami
du prince.

MEUIL

Vous y êtes...

JACQUES

Mais alors, c'est l'affaire des diamants.

CHALACET

Mais non !

MEUIL

Je vous ai dit que les diamants, il n'en était
plus question, maintenant. (*Aux autres.*) Vous
voyez bien que j'avais raison : il faut commencer par déblayer le terrain. Il s'agit des
sumacs.

LE MARQUIS

Autrement dit, de vernis du Japon.

CHALACET

Seulement, c'est dans la même île. Les diamants sont au fond de la terre, c'est-à-dire

problématiques, tandis que les sumacs, on les voit, on les compte, on les touche.

MEUIL

Et il faut dire que l'île en est littéralement couverte.

JACQUES

Je ne comprends pas...

MEUIL

Tant qu'on ne suivra pas la chronologie des faits, on ne s'entendra pas. Il faut partir du coup des maréchaux, ou y renoncer.

CHALACET

C'est bien, c'est bien... Voilà...

MEUIL

Mon cher ami, c'est moi qui l'ai découvert, alors...

LE MARQUIS

Oui, il faut laisser Meuil raconter l'histoire tout au long.

CHALACET

Mais je ne demande que cela ! Parlez, Meuil...

MEUIL, *à Jacques.*

Vous savez que Flavisson gagnait au prince tout ce qu'il voulait ?

JACQUES

Oui.

MEUIL

Eh bien, Flavisson est un immonde filou. Oui, mon cher, au club, à notre club, un vulgaire tricheur s'était insinué...

JACQUES

Allons donc !

LE MARQUIS

Croyez-vous, mon cher, qu'il nous a tous assez mis dedans !

JACQUES

On l'a exécuté ?

CHALACET

Vous pensez. Séance tenante.

MEUIL

Il faisait le coup des maréchaux.

LE MARQUIS

Et vous savez aussi que le prince était
furieux de perdre... surtout avec lui...

MEUIL

Mon cher ami, vous m'interrompez...

LE MARQUIS

Pas du tout. Seulement si Exireuil ne sait
pas que le prince était furieux, il ne comprendra rien à ce que vous lui direz.

MEUIL

Soit! Donc, Flavisson trichait, avec la com-
plicité d'un croupier. Il faisait le coup des
maréchaux. Voici en quoi il consiste. On ne
laisse que les bûches...

LE MARQUIS

Ce n'est pas pour vous interrompre, mon
cher ami, mais vous savez, le temps passe...

CHALACET

Et le prince part demain. On expliquera le coup plus tard.

MEUIL

Il est pourtant bien joli... Enfin, j'ai pincé Flavisson la main dans le sac... Mais si M. d'Exireuil ne sait pas comment cela s'est fait, il ne comprendra pas la joie du prince...

LE MARQUIS

Si, si !

CHALACET

Il se l'imaginera.

MEUIL

C'est que, sans vanité, ce n'était pas facile à faire, ce que j'ai fait.

LE MARQUIS

Ça, vous avez été admirable.

CHALACET

Il a été admirable, c'est entendu, mais venons à notre sujet.

MEUIL

Le prince a été si content de voir exécuter Flavisson...

LE MARQUIS

Ça a été fait en un rien de temps.

MEUIL

Mon cher ami.

LE MARQUIS

Je n'en dis pas plus.

CHALACET

Enfin, le prince a été tellement content qu'il a donné à Meuil le tuyau des sumacs...

MEUIL

Il faut dire que depuis longtemps nous étions dans les meilleurs termes.

JACQUES

Il vous doit bien cela.

MEUIL

Oh ! Je ne perdais pas qu'avec lui !

JACQUES

C'est juste.

LE MARQUIS

Le fait est que je n'ai pas encore vu une déveine aussi persistante que celle de Meuil...

MEUIL

Eh bien, et la vôtre?

CHALACET

Et la mienne !

JACQUES

Et la mienne !

CHALACET

Moi, je sens que la série noire est terminée pour nous tous... Seulement ne perdons pas de temps... Voici le moment de mettre Exireuil au courant de l'affaire elle-même. Le sumac est l'arbre d'où l'on tire, par des incisions, la laque...

LE MARQUIS

La laque des Chinois et des Japonais.

MEUIL

La précieuse laque.

CHALACET

Le Sultan de Mindanao a donné au prince la concession des sumacs de son île. Et le prince consent à s'en dessaisir pour une bagatelle, trois millions.

LE MARQUIS

Ça rapportera plus que ça par an...

CHALACET

Vous appréciez tout de suite de quelle valeur commerciale il s'agit là-dedans ?

MEUIL

Et cette essence est d'autant plus en hausse que les Jaunes ont, paraît-il, esquinté, surmené les arbres à vernis de chez eux.

LE MARQUIS

C'est le prince qui l'affirme.

MEUIL

Et il doit le savoir, puisqu'il revient de par là...

CHALACET

Avec le traité qu'il a en poche, nous pouvons dès demain mettre en exploitation d'immenses forêts de sumacs, des forêts vierges qui couvrent des provinces entières de l'île.

MEUIL

Et que le sultan lui concède à très bon compte, en ami, en grand seigneur d'Orient.

CHALACET

Quant aux usages de la laque, ils sont innombrables. Messieurs, il en est que vous ne connaissez certainement pas. Savez-vous que des expériences ont été faites sur des carènes de navires que l'on protège ainsi contre la rouille et contre les millions de coquillages et de parasites qui, en s'y attachant, les détériorent et en ralentissent la vitesse.

MEUIL

C'est très curieux !...

LE MARQUIS

Cet animal de Chalacet ! Comment savez-vous cela ?

CHALACET

Je me suis renseigné...

MEUIL

Discrètement, au moins...

CHALACET

Dans le *Larousse*. Ce n'est rien, je le sais
bien...

LE MARQUIS

Il fallait encore y penser.

CHALACET

Au fond, les affaires, ce n'est pas si difficile
que les spécialistes veulent le donner à croire.
(*A Jacques.*) Mon cher ami, il n'y a qu'un individu qui puisse apporter les premiers capi-
taux, c'est le baron Salfre.

LE MARQUIS

Il faut que vous obteniez cela de lui.

JACQUES

Je lui avais déjà dit un mot des diamants.

MEUIL

Justement ! Ça vous fait une entrée de con-versation.

CHALACET

Seulement le prince part demain. C'est au-jourd'hui qu'il faudrait voir Saffre...

JACQUES

Je ne sais si j'aurai une occasion de le ren-contrer.

MEUIL

Il faut la faire naître.

LE MARQUIS

Allez chez lui.

JACQUES

Pendant la journée, il est dans ses bureaux, rue de Châteaudun. Je ne voudrais pas m'y présenter...

CHALACET

Je comprends cela. Annoncez-lui votre vi-site après la fermeture des bureaux.

MEUIL

C'est cela. Ce n'est plus la même chose.

CHALACET

Cela s'arrange d'autant mieux qu'il vous faut
aller voir le prince avec Meuil.

MEUIL

Il nous remettra les papiers... les plans... il
nous attend à cinq heures...

CHALACET

Il en est trois, nous avons le temps.

LE MARQUIS

Si vous êtes décidé, prévenez-le tout de
suite de votre visite.

CHALACET

Le plus tôt sera le mieux.

MEUIL

Puisque vous êtes déjà en pourparlers pour
les diamants.

JACQUES

Oui.

LE MARQUIS

C'est tout naturel.

JACQUES

En effet. (*Il va à une table et écrit. Silence profond.*) Voilà : (*Il lit.*) « M. Jacques d'Exireuil présente ses meilleurs compliments, etc… etc… et le prie de vouloir bien l'attendre, ce soir, vers six heures. »

LE MARQUIS

« Pour une affaire importante. »

CHALACET

Oui… « pour une affaire importante. »

LE MARQUIS

Il faudrait dire qu'elle se rattache à celle des diamants.

MEUIL

Ah ! oui… « une affaire importante… » (*Ils cherchent.*)

CHALACET

…« Connexe !… » avec celle des diamants !…

LE MARQUIS

Connexe !... ce sacré Chalacet ! Il a trouvé
le mot...

CHALACET, *modeste.*

Mais je vous dis que si nous voulions nous
en mêler de faire des affaires, nous y réussi-
rions tout aussi bien que les gros bonnets de
la finance... (*Entre le domestique portant une
carte.*)

LE MARQUIS, à *lui-même.*

Connexe !... ce sacré Chalacet... Il a trouvé
le mot.

JACQUES

Je vais l'envoyer tout de suite...

LE MARQUIS

C'est cela.

LE DOMESTIQUE, *entrant.*

Ce monsieur est dans le fumoir.

JACQUES

C'est bien, je vais le recevoir. Faites porter
cette lettre immédiatement.

CHALACET

Il y a une réponse. (*Le domestique sort.*)

LE MARQUIS

Je crois que nous allons réussir.

CHALACET

Je le crois... Alors, nous vous laissons... Vous viendrez nous porter la réponse au cercle.

JACQUES

C'est entendu.

LE MARQUIS

Et soyez chaud !...

CHALACET

Vous vous rappelez bien... les sumacs...

MEUIL

Et faites ressortir les innombrables usages de la laque.

LE MARQUIS

Et la mise en valeur de ces territoires jus-qu'ici inutilisés.

MEUIL

Il n'y a que la terre, voyez-vous...

LE MARQUIS

Soldat, évêque ou laboureur...

MEUIL

Croyez-vous qu'il sera nécessaire qu'un de nous se rende là-bas? Moi, ça me serait impossible...

LE MARQUIS

Moi aussi.

CHALACET

Moi aussi.

LE MARQUIS

Mais ce sera tout à fait inutile, ce sont des choses qu'on dirige de loin.

CHALACET

Ce qui permet de les diriger de plus haut.

LE MARQUIS

D'ailleurs, la direction doit être facile...

CHALACET

Il suffit d'un télégramme : « Incisez cinq,

dix ou quinze mille arbres, expédiez Marseille. Voilà tout... »

MEUIL

Et avec un compte de chèques à Marseille
et à Londres, voilà tout...

LE MARQUIS

Le mérite de cette affaire est qu'elle est
extrêmement simple. Adieu, mon ami, et
bonne chance...

CHALAGET

A tantôt. Maintenant, il ne faudrait pas que
les exigences du baron Saffre fussent exces-
sives.

LE MARQUIS *et* MEUIL, *revenant.*

Ah ! non !...

JACQUES

Je ferai de mon mieux et je vous trans-
mettrai ses offres.

MEUIL

En somme, c'est nous qui lui apportons
tout...

LE MARQUIS

Tout ce qu'il apportera, lui, c'est un simple mouvement d'argent...

CHALACET

Soyez tranquilles... Je suis là, et je ne me laisserai pas rouler.

JACQUES

Alors, messieurs, à tantôt. (*Ils sortent.*)

CHALACET

Défendez-nous, n'est-ce pas...

JACQUES

Soyez tranquilles... Adieu. (*Au domestique.*) Faites entrer ce monsieur. (*Le domestique sort. Entre M. Ploche.*)

SCÈNE IV

JACQUES, M. PLOCHE

PLOCHE, *trop bien habillé, s'appliquant à avoir l'air d'un homme du monde. Très aimable.*

Bonjour, mon cher monsieur.

JACQUES

Bonjour.

PLOCHE

Votre santé est bonne ?

JACQUES

Parfaite.

PLOCHE

La mienne également, merci... Dites-moi, je voulais vous dire... C'est une affaire sans importance... D'ailleurs, je n'ai qu'une minute, j'ai rendez-vous avec mon ami le duc de Traponi... Je voulais vous dire... Vous avez oublié que c'était hier l'échéance de nos petits billets à ordre... Ces misères ont si peu d'importance... Mais cependant — je suis venu un peu pour cela — permettez-moi, cher monsieur, de vous donner un petit conseil. (*Bonasse.*) Envoyez les fonds aujourd'hui même chez l'huissier qui a dû vous laisser sa carte... Pensez-y. Pensez-y.

JACQUES

Je suis dans l'impossibilité de payer.

PLOCHE

Votre billet va être protesté.

JACQUES

Il ne le sera que si vous le voulez.

PLOCHE

Pas du tout. J'ai reçu ce matin la visite de M. Dominique. Il ne veut rien entendre.

JACQUES

Allons! Si vous vous y employez sérieuse-

ment, il vous écoutera tout de même. Épar-
gnez-moi ce protêt.

PLOCHE

Je n'aurais qu'un moyen de vous l'épargner,
ce serait de payer moi-même. Si je possédais
la somme, je vous demanderais la permission
d'être votre créancier, car je vous aime beaucoup ; mais vous le savez, je vis d'une pension
que me fait ma famille. Sur la présentation
d'un ami commun, et pour vous obliger, je
vous ai fait prêter ces vingt-sept mille
francs...

JACQUES

Pardon. La somme était de quinze mille
francs, elle n'a atteint le chiffre actuel que ma-
jorée d'une commission importante à chaque
renouvellement.

PLOCHE

Ne vous ai-je pas prévenu que M. Dominique était d'une rapacité et d'une avi-
dité inouïes ? J'ai cru d'abord avoir affaire,

comme il me le disait, à un rentier soucieux de placer son argent à meilleurs intérêts. Je vois maintenant qu'il est un sale usurier, tout simplement.

JACQUES

Allons! J'offre trois mille francs pour un renouvellement de trois mois.

PLOCHE

Je vous suis tellement dévoué, mon cher monsieur, que, prévoyant votre embarras, j'ai sondé M. Dominique et lui ai offert, sans vous engager, bien entendu, une prime élevée. Il ne veut rien savoir et fait de la musique.

JACQUES

Dites-moi son vrai nom et son adresse et j'irai le voir.

PLOCHE

Oh! Ce n'est pas bien de me demander cela! Non, ce n'est pas bien, vraiment, parce que c'est une chose impossible. Ce n'est pas bien! Moi qui voudrais ne rien vous refuser! Mais

vous me comprendrez et vous m'excuserez
lorsque vous saurez que j'ai donné ma parole
d'honneur.

JACQUES

Alors ?

PLOCHE

Alors, il faut vous décider à vendre quelques
titres.

JACQUES

Je n'ai pas de titres.

M. PLOCHE

Prenez une hypothèque sur une de vos propriétés.

JACQUES

Je n'ai plus de propriétés.

PLOCHE

D'une façon ou d'une autre, il faut que vous
trouviez la somme parce que ce misérable ira
jusqu'au bout.

JACQUES

C'est-à-dire?

PLOCHE

Protêt, jugement, saisie, tout le tremble-
ment. (*Silence.*)

JACQUES

Monsieur Ploche?

PLOCHE

Cher monsieur.

JACQUES

Je sais que M. Dominique n'existe pas.

PLOCHE

Je vous ai prévenu que « Dominique » était
un pseudonyme.

JACQUES

Le vôtre.

PLOCHE

Que voulez-vous dire?

JACQUES

Je sais que vous êtes mon véritable prêteur.

PLOCHE

Je vous ai déclaré le contraire, mon cher monsieur, je ne vous permets pas de douter de ma parole.

JACQUES

Non. N'employez pas de grands mots, je vous dis que je le sais.

PLOCHE

J'emploie les mots qu'il me plaît et je ne vous laisserai pas m'accuser de mensonge.

JACQUES

Vous avez inventé M. Dominique afin de pouvoir être plus inflexible dans vos réclamations.

PLOCHE

Alors, je suis un usurier ! Monsieur, vous m'en rendrez raison.

JACQUES

Si vous voulez...

PLOCHE, *après un temps.*

D'abord, on ne se bat pas avec son débiteur.

JACQUES

Vous avouez donc!

PLOCHE

Eh bien, oui, j'avoue! Puisque vous n'avez
pas compris que l'invention de M. Dominique
était une délicatesse de ma part.

JACQUES

Dans quel but ?

PLOCHE

Dans le but de ménager vos susceptibilités,
monsieur, puisqu'on ne peut rien vous cacher.

JACQUES

Vous êtes trop bon.

PLOCHE

Vous l'avez dit. Mais je ne mériterai plus ce
reproche. Oui, c'est à moi que vous devez

vingt-sept mille francs. Parfaitement. Et il faut me les payer ! Et si vous ne voulez pas me les payer de bonne volonté, je vous les ferai payer par la force. J'ai la loi pour moi.

JACQUES

Je ne refuse pas de payer. Je vous demande un délai.

PLOCHE

Non ! non! Il y a trop longtemps que vous me faites tirer la langue.

JACQUES

Trois mois.

PLOCHE

Qu'attendez-vous pour faire argent de tout ? Est-ce que j'ai des chevaux, moi? Commencez donc par vendre les vôtres.

JACQUES

C'est fait.

PLOCHE

Et vous avez perdu l'argent au cercle ! Ça

m'est égal. Si vous ne me donnez pas satis-
faction, je prends un jugement, je vous fais
saisir.

JACQUES

Ayez encore un peu de patience, je puis
être sorti immédiatement de l'embarras où je
suis par une grosse affaire que j'ai en train.

PLOCHE

Une affaire ! Des affaires !... Croyez-vous
que j'ai le temps d'attendre le succès des
vôtres ? J'ai aussi les miennes qui ne patientent
pas ! Je ne vous accorderai point de temps sans
avoir en perspective quelque chose de plus
sérieux, de plus palpable.

JACQUES

Quoi ?

PLOCHE

Donnez-moi une garantie ! Vous avez bien
des parents de qui vous attendez un héritage ?

JACQUES

Oui... Certainement.

PLOCHE

Avouez-leur votre situation. Faites-leur un emprunt.

JACQUES

Il faudra bien m'y résoudre... Nous avons une vieille tante dans le Berry.

M. PLOCHE

Vous voyez bien !

JACQUES

Il me faut le temps d'aller la voir.

PLOCHE

Soit. Je vous donne un mois pour me payer ces trente mille francs.

JACQUES

Vingt-sept.

PLOCHE

Trente. Vingt-sept et trois trente. C'est vous qui l'avez dit.

JACQUES

Trente, si vous voulez.

PLOCHE

Mais dans un mois et un jour, ce n'est pas
ma visite que vous aurez, c'est celle de l'huissier.

JACQUES

J'y gagnerai.

PLOCHE

Et je vous prie d'être poli !

JACQUES

Pardon. Je viens de payer trois mille francs
le droit de ne plus l'être avec vous.

PLOCHE

Des impertinences, maintenant !... Voilà
bien les débiteurs. Quand ils ont besoin d'argent, ils vous supplient, ils vous encensent, ils
vous offrent tout ce qu'on veut, et même de
la reconnaissance dont on se fiche pas mal.
On est leur sauveur ! on est leur Dieu ! Et au
moment de payer, on n'est plus bon qu'à jeter

aux chiens. Je vous assure qu'il faut du courage pour faire ce métier-là.

JACQUES

Je vous crois. Adieu ! monsieur.

PLOCHE

A bientôt. (*Se ravisant, et tendant timidement une main que Jacques ne prend pas.*) Allons ! Je ne vous en veux pas... Tout ce que vous m'avez dit de désagréable, je le passe à M. Dominique... Gardez-moi le secret. Et si, un jour, vous vous retrouvez dans l'embarras, je vous ferai des petites concessions.

JACQUES

Vous allez manquer votre ami le duc de Traponi.

PLOCHE

C'est juste. Bonsoir, cher monsieur. (*Il sort. Giselle rentre presque aussitôt.*)

SCÈNE V

JACQUES, GISELLE

JACQUES, *l'apercevant, voyant sa pitié.*

Tu as entendu?

GISELLE

Oui.

JACQUES

Je n'en puis plus! Aujourd'hui celui-là!
Demain un autre! C'est à se casser la tête! Il
faut que je sorte de là, n'importe comment!

GISELLE, *se jetant dans ses bras.*

Mon bien-aimé! Mon Jacques! (*Reproche
tendre. Bas.*) Oh! comment as-tu pu?...

JACQUES, *avec un sanglot.*

Ma pauvre femme! Je suis trop malheureux
du mal que je t'ai causé! Ah! vois-tu, j'ai
d'abord été trop faible à l'idée de t'imposer

des privations aussitôt qu'il l'aurait fallu... J'ai
été lâche aussi devant les sacrifices d'amour-
propre aux yeux des autres... Et puis, est-ce
possible d'être raisonnable quand on s'aime?
Non, on n'a pas le cœur de restreindre son
existence quand il fait si bon à vivre tous les
deux!...

GISELLE

Pourquoi ne m'avoir pas prévenue? Ne pou-
vais-tu pas te fier sur ma tendresse, pour rester
contente en prenant les résolutions les plus
sérieuses?

JACQUES

Je voulais t'épargner toute peine. Pour que
tu ne t'aperçoives de rien, j'ai tout essayé. J'ai
été ainsi entraîné aux placements à gros intérêts qui ont été désastreux!... Mais est-ce
aussi ma faute si notre vie s'est trouvée mêlée,
engagée, liée avec celle de tant de gens, si
horriblement riches?... La brèche dans notre
fortune est toujours allée grandissant. Chaque
jour, ce fut des trous nouveaux que j'eus à

boucher. J'ai joué au club, j'ai spéculé à la Bourse!... Tout a tourné contre moi! Et le plus épouvantable peut-être... Oui, le pire encore, c'est que je sentais en même temps s'augmenter entre nous le secret de ce qui se passait, et l'impossibilité pour moi d'anéantir ta sécurité, ta chère confiance, par une révélation atroce!...

GISELLE, *timidement.*

Sommes-nous donc arrivés tout à fait à la fin?... Est-ce que vraiment nous n'aurions plus rien? (*Silence de Jacques. Se cachant la figure de ses deux mains.*) Oh! mon Dieu!... Mon Dieu!... Mon Dieu!... (*Un temps.*) Alors, quoi?

JACQUES

Je t'en conjure, ma bonne petite, reprends courage!.. Oui, la position où nous sommes est très critique. Mais j'ai la conviction que quelque chose incessamment va nous en tirer... Aujourd'hui même l'issue peut nous en être fournie.

GISELLE

Aujourd'hui ?

JACQUES, *après un regard à la pendule.*

Oui, j'ai le temps de t'expliquer... Écoute...
le projet qui t'a fait faire la grimace chaque
fois que j'ai essayé de t'en entretenir... Oui !
celui-là ! Et, au nom du ciel, ne recommence
pas à m'arrêter au premier mot ! Nous n'en
sommes plus à l'heure des enfantillages...
Écoute-moi avec attention et tu verras qu'il y a
là une idée magnifique. Il ne dépend plus que
d'un rien que cela se réalise et soit entre mes
mains... Et alors, c'est une nouvelle fortune
d'ici à quelques années... et dès maintenant des
délais, des crédits, des avances pour faire face
au plus pressé... Et puis, tout un courant de
belles opérations alentour, dans un milieu de
collègues de haute finance avec lesquels on
n'opère qu'à coup sûr... Tu vas comprendre
tout de suite. C'est le prince Gaëtan qui pro-
cure l'affaire. Tu vois que ce n'est pas le pre-

mier venu? Il a fortement entamé sa fortune chez lui dans des constructions de palais dont il a la manie ; et comme il n'a encore que vingt-cinq ans, on le fait voyager un peu pour le calmer. C'est ainsi qu'il est devenu **ami in**time du Sultan de Madanao ; et celui-ci n'a pas demandé mieux que de lui accorder la concession des produits naturels de son île. Déjà, nous avons constitué un groupe pour le lancement, très bien composé, dans lequel du reste il n'y a encore que des amis personnels du prince, ceux qui font sa partie au club quand il y est de passage. Il est très probable que nous trouverions de l'aide chez les Elioboth et dans la maison Naparsheim... Mais il n'y a qu'un individu qui ait assez d'initiative pour mettre l'affaire debout, en former le premier capital, l'établir, la soutenir enfin sans différer. Et cet homme-là est Saffre.

GISELLE

Oh! non, ne vous mettez pas à la merci de Saffre! Vous savez bien quelle est sa réputa-

8

tion de n'avoir jamais manqué, en affaires, de dévorer tous ses associés?

JACQUES

Ce sont là des on-dit, ma chère! Est-ce qu'il faut s'en rapporter à la malveillance? D'ailleurs je n'ai pas le choix. Saffre est un spécialiste de ces gros coups d'audace et il n'y a que lui d'assez intelligent pour apporter tout de suite à l'entreprise les deux ou trois millions dont on y a besoin, pour se lancer grandement. De plus, je ne connais à proprement parler que lui dans le monde de la finance. Enfin, je ne suis plus indépendant à son égard, puisque, à plusieurs reprises, je lui ai touché quelques mots du sujet. Et si j'avais la mauvaise inspiration de chercher un autre concours que le sien, ce serait aussitôt un adversaire implacable. Ça, c'est son principe : on est avec lui, ou contre lui, pas de milieu!... Le moment approche où je vais être fixé de son côté. L'heure va venir de se mettre en route. (*Regard à la montre et à la pendule.*)

GISELLE, *se levant comme pour
l'empêcher de sortir.*

Jacques !

JACQUES, *sans avoir vu le mouvement.*

Je n'ai pas envie de me traîner plus longtemps dans l'incertitude. Car si je me suis
leurré par cette combinaison, il va me falloir
sans délai me résoudre à un autre parti...

GISELLE

Quel autre parti ?

JACQUES

Oh ! le choix sera court !... ou bien rejoindre
en Australie Horlond et Néceras, dont quelqu'un prétendait, ces jours-ci, au club, qu'ils
y étaient contents de l'élevage. Eux aussi se
sont embarqués sans un sou, sur un trans-
port d'émigrants... Ou bien peut-être pour-
rais-je me faire prendre avec Bopraing qui va
pour le Syndicat aurifère sur la côte du Mozam-
bique.

GISELLE

Oh! Oui, oui! c'est cela! Pourquoi pas une de ces choses-là, de préférence à n'importe quoi?... Va, je t'assure, plutôt que de rester ici, à exciter la commisération des gens qui nous connaissent, dans une existence de lutte pitoyable et de déchéance, allons-nous-en, allons-nous-en!

JACQUES

Comment! Tu supposes que je pourrais t'emmener?... Mais, ma pauvre petite, tu perds la tête!... Tu ne te doutes pas de ce que c'est là-bas?... Le seul moyen, si je suis condamné à partir, ce sera que nous trouvions pour toi, puisque nous n'avons pas de parents, quelque lieu de retraite où tu puisses demeurer pendant le temps que durera mon absence... un an ou deux. Qui sait? Trois années peut-être.

GISELLE, *se jetant dans les bras de son mari en éclatant en sanglots.*

Non! Tu ne m'abandonneras pas!... Je ne

te laisserai pas me quitter. Je veux partager ton sort. Je veux souffrir comme toi partout où tu seras, te tenir, te sentir là, être toujours avec toi et toujours t'avoir à moi.

JACQUES, *avec tendresse.*

C'est de la divagation ! Non seulement je ne veux pas t'exposer à de pareilles aventures ; mais on ne me prendrait nulle part au sérieux, on ne me chargerait pas de la moindre mission, si l'on me savait accompagné, hélas ! encombré de ma femme... Excuse-moi, petite chérie !... Reprends ton cher courage, espère et crois ! Nous allons être sauvés. (*La caressant.*) Allons, donne-moi un sourire... Accorde-moi jusqu'à ce soir pour que je t'apporte des bonnes nouvelles... Non, je ne m'expatrierai pas ! C'est le prince Gaétan lui-même qui fera, pour notre compte, les vilaines traversées, les méchants voyages... Promets-moi seulement que tu n'as plus de préventions contre ma démarche auprès du baron Saffre. J'ai besoin que ta confiance et que ton approbation me portent bonheur... Dis-moi que je fais bien, que j'ai raison, que je vais réussir. Jure-le-moi !

GISELLE, *dans un souffle.*

Oui.

JACQUES, *l'embrassant.*

Merci. A bientôt. (*Il sort.*)

SCÈNE VI

GISELLE, *seule, puis un domestique. Giselle a essuyé ses yeux. Un domestique paraît traversant de gauche à droite, pour aller porter dans le cabinet de Jacques des livres qu'il porte.*

GISELLE

Qu'est-ce que c'est ?

LE DOMESTIQUE

Des livres qu'on vient d'apporter pour monsieur.

GISELLE

Faites voir. (*Le domestique les pose sur une table et sort. Giselle lit les titres.*) *L'Australie nouvelle* par Maren la Meslée... *The Australian Handbook...* (*Elle ouvre un volume et lit.*) « Les explorations sont difficiles dans l'intérieur de ce continent où le plus souvent le voyageur ne trouve ni eau, ni gibier, ni fruits comestibles. La ronce appelée herbe porc-épic y couvre de vastes espaces et rend la marche très pénible... » (*Prenant un autre ouvrage*, les Terres aurifères, de Manika, *elle lit.*) « Le climat est torride et sujet à de brusques variations, très malsain dans les marais de la côte, assez bon dans les montagnes. » (*Un long silence.*) Mon pauvre Jacques ! (*Elle continue à lire.*)

LE DOMESTIQUE

M. le baron Saffre demande si madame peut le recevoir.

GISELLE, *distraite.*

Oui, faites entrer. (*Le domestique sort.*)

Non... Je ne reçois pas... Je... *(Entre le baron.)*

SCÈNE VII

SAFFRE, GISELLE

GISELLE

Comment osez-vous revenir... après...

SAFFRE

Je viens vous demander pardon.

GISELLE

C'est inutile. Laissons cela...

SAFFRE

J'ai à cœur de corriger l'impression de mécontentement sous laquelle j'ai bien vu que
vous restiez à mon égard, à la suite de ma visite de l'autre jour.

GISELLE

Ne m'avez-vous point mise dans l'obligation

de vous dire nettement que je ne voulais plus vous entendre?

SAFFRE

Vous m'inspirez une affection et une admiration trop vives pour que je me résigne à être définitivement mal avec vous.

GISELLE

Il vous suffirait de cesser de...

SAFFRE

Je vous en conjure, ne vous trompez point sur mon compte et persuadez-vous que vous avez en moi votre meilleur ami. Je vous apporte la preuve même en ce moment. Si je suis ici, c'est pour y prendre avant tout vos ordres.

GISELLE

Je ne vous comprends pas.

SAFFRE

C'est bien simple : M. d'Exireuil roule dans sa tête de gros projets auxquels il me prie de m'intéresser. J'ai voulu être assuré, de votre propre bouche, que ces idées ne vous alarmaient point. Le terrain des affaires est si dangereux pour ceux qui n'en ont point l'habitude, que je me refuserais à en faciliter l'accès à votre mari au cas où cette tentative ne vous sourirait pas absolument.

GISELLE, *après hésitation.*

Oh ! Moi, je n'entends rien à des sujets de cette nature... Je serais incapable d'y avoir une opinion...

SAFFRE

Mais pourtant, si votre mari était déterminé à entrer dans les affaires par de sérieuses raisons, vous devriez bien être la première à ne pas les ignorer... Je suis là pour le détourner d'une imprudente velléité ; même pour le seconder si vous y voyez... urgence... ou quelque utilité ?

GISELLE

Tout ce que je sais, c'est que Jacques a été pris ces temps-ci d'un vrai goût d'activité,

que je ne lui avais pas encore connu... Et certainement il ne pouvait mieux faire que de
vous consulter... de recourir à votre compétence...

SAFFRE, *avec un soupir de soulagement
simulé.*

Je suis heureux de votre réponse... J'ai
un poids de moins sur la poitrine, depuis que
vous avez bien voulu me faire comprendre
qu'aucune nécessité ne mettait votre mari en
mouvement... Quand on aime les gens on
prend vite de l'inquiétude à leur sujet... Et, je
vous le confesse, j'avais cessé d'être tout à fait
tranquille, dans ma profonde sympathie pour
vous... A présent, je distingue nettement le
cas de M. d'Exireuil : c'est celui d'un monsieur ennuyé momentanément de son oisiveté,
ou qui s'agace peut-être de la mollesse avec
laquelle dort sa fortune... Eh bien ! j'en pro-
fite tout de suite pour m'exprimer très franchement à mon tour. Sous aucun prétexte il
ne faut laisser votre mari suivre davantage la

pente de ses rêvasseries. Ce n'est pas la première fois que j'en constate de cette nature,
chez les gens de son milieu. Elles sont toujours
périlleuses, et souvent plus : funestes !

GISELLE, *embarrassée.*

Mais il n'appartient qu'à mon mari de vous
éclairer lui-même sur ses intentions précises,
de vous exposer ses motifs. Moi, j'en suis trop
peu au fait pour vous les montrer sous leur
vrai jour. Je n'ai rien voulu dire... Je n'ai rien
dit...

SAFFRE

Voyez-vous, la plupart des affaires fondées
par les gens du monde, j'ai ma conviction faite
là-dessus, trop faite. (*Avec un gros rire.*) Je
pourrais même dire refaite, car je m'y suis
laissé prendre moi-même, de temps à autre,
par bonhomie.

GISELLE

Jacques ne saurait rien vous proposer à la
légère. Et vous pourriez vous en fier à son ho-
norabilité autant qu'à son zèle.

SAFFRE

Bien sûr! ma chère amie... mais c'est toujours sous des auspices aussi recommandables que des hommes comme il faut, bien élevés, présentent leurs entreprises dont parfois il ne reste bientôt plus que les navrants souvenirs... Nombre de ces affaires auxquelles je songe avaient à leur tête ces terribles gens du monde, des fils de famille éduqués dans des milieux élégants et riches, ou un choix superfin de pères nobles. Autour d'eux, dans leurs conseils, on voyait affluer des personnages du meilleur style. Et plus d'une fois j'ai vu tout cela s'en aller à la liquidation, quand ce n'était pas à la faillite et aux poursuites judiciaires.

GISELLE

Mais parce qu'ils sont des gens du monde, sont-ils donc incapables, sont-ils moins intelligents, moins perspicaces et prudents?

SAFFRE

Il y a, chez eux, un vice inhérent à leur qualité. Ils n'ont appris qu'à commander, qu'à donner des ordres. Or, dans les affaires, commander, donner des ordres, cela veut dire désormais prendre à sa charge des milliers de choses, se mettre sur les bras des millions de responsabilités... Et comment voudriez-vous que ces messieurs puissent se débrouiller là-dedans ? Ils ont toujours eu un valet de chambre pour leur préparer leurs habits ; des parents leur ont préparé leur fortune ; d'autres leur préparaient une femme avec une dot ; notaires et agents de change leur préparaient leurs droits et leurs revenus. Allez, le caractère des gens accoutumés aux facilités de la haute vie ne se corrige pas quand ils s'installent dans le bureau, avant tout confortable, où ils vont censément brasser tant d'affaires. Rien qu'à se sentir seuls, leur premier soin est de faire poser vingt-cinq sonnettes, comme pour appeler électriquement le diable et son train à leur service... Alors, savez-vous ce qui menace d'arriver au fur et à mesure qu'ils pressent sur les boutons ? Ah ! ce n'est pas le

notaire, ni l'agent de change, ni bientôt même
le personnel des valets. C'est toute une caté-
gorie d'officieux qui entre en fonctions :
l'agent d'affaires véreux qui vient les débar-
rasser de leurs droits, le maître chanteur qui
leur ôte leur courage, l'huissier qui s'empresse
de mettre la main jusque sur leurs vêtements
et leur linge, et enfin parfois le commissaire
de police, qui procède à son tour pour les al-
léger du peu d'honneur qu'il y aurait encore
en caisse.

GISELLE

On ne poursuit pas les honnêtes gens.

SAFFRE

Quand les gens n'ont pas réussi, ce n'est
plus guère que par le juge d'instruction qu'il
leur reste une chance d'être proclamés honnêtes...

GISELLE, *se levant haletante.*

Dites-moi que vous vous amusez à me faire
mal?... que tout cela n'est pas vrai?... que la

proposition de mon mari n'est pas condamnée sans appel, dans votre jugement, avant d'avoir été seulement entendue ?

SAFFRE, *debout.*

Mais si ! mais si ! hélas ! Toutes ces tentatives se valent. Toujours quelque utopie de cerveaux brûlés, qui deviennent des cervelles brûlées.

GISELLE, *retombant assise, cachant sa figure de ses deux mains.*

Nous sommes perdus.

SAFFRE

Quoi donc ?... Oh ! ma chère enfant !... Comment pourriez-vous être perdue, quand je suis là, moi, prêt à vous protéger envers et contre tous ? (*Lui prenant les mains et la regardant dans les yeux.*) Alors c'est donc vrai que vous êtes dans la peine ?

GISELLE

Oui.

SAFFRE

Ne vous repentez-vous point d'avoir été
assez méchante pour ne pas vous confier
à moi, dès la première heure? Est-ce que
je ne suis pas fait de tout temps pour trouver
les moyens qui vont remédier à tout, pour in-
venter les choses qui effaceront le chagrin de
ces beaux yeux-là? (*Elle veut se dégager mais
Saffre lui tient les poignets.*) J'arrangerai le
nécessaire rapidement, immédiatement même,
puisque le plus tôt, n'est-ce pas? devra être
le mieux. Je vais le prendre dans ma maison,
l'intéresser dans des affaires à moi, de véri-
tables affaires, celles-là.

GISELLE

Non! Ce n'est pas possible! Ce n'était pas
cela qu'il voulait... Il n'acceptera pas ainsi
d'être votre obligé. Son amour-propre, son rang
dans le monde ne lui permettront pas de devenir, auprès de vous, une espèce d'employé.

SAFFRE

Comment! Son amour-propre, son rang lui

interdiraient ce que tant d'autres d'aussi fière
lignée ont accepté !... Mais au contraire, c'est
l'honneur de la haute banque d'avoir constitué des sinécures de ce genre-là à bien des
personnages de grande famille, de telle sorte
qu'on ait largement assuré leur vie sans les
exposer jamais au déplaisir de sentir une seule
fois qu'ils la gagnent !... Ah ! chère petite,
chère enfant, ne vous butez pas contre des ob-
jections aussi frivoles. Je me charge de calmer toutes les susceptibilités imaginables...
Remettez-vous à mon ingéniosité, à mon dévouement, à la chaleur de mes instances...

GISELLE

Ah ! que je voudrais pouvoir me confier à
vous, complètement, pleinement ! Hélas ! vous
avez rendu cette confiance impossible.

SAFFRE

Et pourquoi ? Parce que je vous ai dit la
passion que vous m'inspiriez ? Faites-vous
réellement assez peu cas de moi pour me

croire capable de vous proposer rien qui, de si
loin que ce soit, ressemble à un marché ?

GISELLE

Dans l'état où je suis, ce serait odieux,
n'est-ce pas ?

SAFFRE

Si je vous ai dit que je vous aime, et si je
vous aime en effet, cela ne signifie-t-il pas,
avant tout, que je désire votre bonheur ? J'ai
voulu savoir où vous en étiez, j'ai voulu vous
amener à ces confidences. Excusez-moi de
vous avoir contrainte à un aveu que vous ne
pouviez faire librement, je le comprends,
qu'à un ami de vieille date. Et puisque vous
l'avez fait, cet aveu, résignez-vous à me con-
sidérer comme un ami, et comme l'ami le
plus sincère et le plus respectueux. Et accor-
dez-moi cet honneur de me laisser vous être
utile. Voulez-vous ?

GISELLE

Je m'exagère peut-être notre situation.

Jacques n'est pas homme à se laisser abattre par un échec. Et si vous vous refusez à prendre l'affaire dont il vous parlera...

SAFFRE

Je m'y refuserai, je vous ai dit pourquoi...

GISELLE

Alors, il a l'intention d'aller en Australie... ou là-bas, vers des terrains aurifères...

SAFFRE

Lui! Mais si vous ne désirez pas sa mort, ne le laissez pas partir.

GISELLE

Sa mort!

SAFFRE

Eh! oui, sa mort!... Croyez-vous donc qu'il soit mieux préparé à la vie de pionnier qu'à l'état d'homme d'affaires? Et parce qu'il monte à cheval au Bois et parce qu'il fait de l'épée, allez-vous croire que sa fragile organisation lui permette d'affronter impunément les fa-

ligues où succombent les plus robustes, la
dépression du travail physique sous des cli-
mats pareils... et la fièvre et toutes les mala-
dies embusquées sous les pierres de ce sol qui
se défend?... Voulez-vous un détail?... A n'importe quel taux, aucune compagnie d'assu-
rance sur la vie ne consentirait un contrat à
votre mari s'il lui prenait fantaisie d'en demander un avant son départ...

GISELLE

Oh ! mon Dieu ! mon Dieu !

SAFFRE

Allons, madame, dites-moi tout, tout votre
chagrin. Oubliez que je vous aime... je
vous jure d'oublier moi-même, aussi longtemps que vous le voudrez, que j'éprouve pour
vous un autre sentiment que l'amitié... Vous
me croyez ?... Je vous le jure...

GISELLE

Je ne demande qu'à vous croire, mon
Dieu !

9.

SAFFRE

Eh bien! Abandonnez-vous à moi... En êtes-vous à un tel point que votre mari ait songé réellement au suicide que serait son départ ?

GISELLE

Oui. Nous sommes à bout, harcelés, forcés, rendus.

SAFFRE

Menacés... ?

GISELLE

Il vient ici maintenant des gens insolents qui parlent de saisir nos meubles. Mon pauvre et cher Jacques s'humilie devant eux jusqu'au mensonge... Mon Dieu ! puis-je continuer ? et qu'allez-vous me demander en échange de votre pitié ?...

SAFFRE

Oh! le vilain mot. Je vous demanderai un peu de la plus fraternelle des affections. Vraiment, ne me prenez pas tout à fait, cependant,

pour un misérable, et comprenez que votre
attitude, depuis que je vous connais, n'a pu
m'inspirer pour vous que plus d'estime encore...

GISELLE

Si cela était vrai !

SAFFRE

Je vous le jure.

GISELLE

N'est-ce pas? Je suis si faible, si désarmée,
si affolée par tant de secousses, récentes et
formidables, trop fortes pour ma petite raison
de femme heureuse, que triompher de moi,
maintenant, ce serait une honteuse victoire.
J'aime Jacques, monsieur, profondément, absolument. Sauvez-le. Et si vous m'exaucez,
j'aurai pour vous une reconnaissance éperdue,
de tous les instants, et je vous aimerai autant
qu'on peut aimer quand on n'aime pas d'amour.
Faites que mon Jacques ne parte pas afin qu'il
ne meure pas ! Employez-le, utilisez-le... ou

bien, s'il vous est inutile, sauvez-le-moi tout
de même. Moi, je l'aime, il est toute ma vie...
Je le sais bien, c'est vous demander de l'argent... Allons! je vous en demande! C'est implorer une aumône... Allons!... Je puis payer
son existence au prix de ma fierté!... j'im-
plore l'aumône!...

SAFFRE

Mais, ma pauvre enfant, ce que vous me de-
mandez, c'est ce que je vous offrais, c'est ce
que je vous offre, de tout mon cœur!

GISELLE

Sans conditions?

SAFFRE

Sans conditions!

GISELLE

Sans espérances?

SAFFRE

Sans aucune espérance que de mériter un
peu de sympathie, un peu d'amitié, la millio-

nième partie de ce que vous me proposiez. Ah !
folle ! folle ! Vous ne le saurez plus que je
vous aime, ou du moins, je ne vous le dirai
plus, puisque c'est cela que vous désirez, et
votre Jacques, je vous le sauverai, je vous le
tirerai d'affaire et je saurai utiliser ses facul-
tés. Est-ce cela, ce que vous voulez ? C'est
fait. Je vous en donne ma parole.

GISELLE

Ah ! Je vous aime bien...

SAFFRE

Nous sommes des amis ? de grands amis ?

GISELLE

Oui, de grands amis... Merci, merci.

SAFFRE, *l'attirant près de lui, la voix changée,
grave et tendre.*

Restez là, Giselle !... N'ayez pas peur...
Pourquoi ne m'avez-vous pas dit cela plus tôt ?

GISELLE, *doucement, essayant de se dégager.*

Laissez-moi. Il ne faut pas... Allez-vous si
vite trahir votre serment ?

SAFFRE, *de même.*

Vous ne le saviez donc pas que vous me
combleriez de joie en me donnant l'occasion
de réaliser un de vos souhaits? (*A voix basse.*)
Vous ne le saviez donc pas que je vous ché-
rissais, que je vous désirais de toutes mes
forces?

GISELLE, *se débattant en vain.*

Laissez-moi.

SAFFRE, *puissant et doux.*

Restez là, Giselle !

GISELLE

Vous m'avez juré.

SAFFRE

Je vous aime.

GISELLE

Était-ce donc un piège ?

SAFFRE

Non. J'étais sincère ; je vous l'affirme ! Mais
ce n'est pas ma faute si ma passion est plus

forte que tout. Il fallait que je fusse fou pour
croire que ma volonté saurait contenir les ardeurs de mon âme et de mes sens.

GISELLE

De l'horreur! Du mépris! du dégoût!... Vous
ne m'inspirez que de l'horreur!... Vous êtes
un être abject et lâche!... Jamais! J'aime
mieux la mort!

SAFFRE

Je vous aime.

GISELLE

Vous m'avez vue désolée, désemparée, perdue, affolée, les yeux encore rougis de larmes,
et vous n'avez pas eu pitié, et au contraire,
l'étendue de ma misère vous a réjoui parce
que vous comptiez sur elle comme sur une
alliée! C'est mal, c'est laid, c'est bas!

SAFFRE

Je vous dis que vous me céderez.

GISELLE

Non! Et vos habiletés seront sans succès,

parce qu'il est deux choses plus puissantes que votre puissance, c'est mon amour pour mon mari et mon respect de moi-même. (*Elle se débarrasse de lui.*) Allez-vous-en ! A n'importe quel prix je ne suis pas à vendre ! Allez-vous-en.

SAFFRE

Vous réfléchirez... (*Il salue et sort.*)

SCÈNE VIII

GISELLE, *seule. Elle marche à travers la pièce, égarée, essoufflée... Puis elle vient s'asseoir près de la table où sont les livres. Elle murmure des mots qu'on n'entend pas... Elle feuillette les livres... puis tout à coup, dans une détente nerveuse, fond en larmes... Elle dit des mots sans suite parmi lesquels on ne distingue que le nom de Jacques. Puis elle est secouée de longs sanglots d'enfant qui montrent sa faiblesse et son égarement.*

RIDEAU

ACTE TROISIÈME

ACTE TROISIÈME

Au château d'Ozerpie. — Un salon donnant d'un côté sur la salle à manger, de l'autre sur un vaste perron.

SCÈNE PREMIÈRE

LE RÉGISSEUR, *puis, successivement,* OLIVIER BRE-HANT, LA PRINCESSE NAGEAR, FRICANDEAU. *Au lever du rideau, le régisseur attend, une feuille de papier à la main. Olivier sort de la salle à manger. Il est en tenue de chasse, écarlate et galons d'argent.*

BREHANT

Eh bien ! monsieur Péchard, où en sommes-nous ?

PÉCHARD

Tout est prêt, monsieur le... Tout est prêt, monsieur.

BREHANT

La Broussaille?

PÉCHARD

Il est prévenu.

BREHANT

Il viendra au rapport, à une heure?

PÉCHARD

Oui, monsieur le comte... Pardon! oui, monsieur.

BREHANT

Il a fait le bois?

PÉCHARD

Oui, monsieur.

BREHANT

Les sonneurs de trompe?

PÉCHARD

Tout le monde est prêt.

BREHANT

Les chiens?

PÉCHARD

Les chiens sont sortis du chenil.

BREHANT

Bien. Vous avez la liste que je vous ai faite...

PÉCHARD

Oui, monsieur... Je demande pardon à
monsieur, mais je ne puis pas me faire à l'idée
que je dois dire à monsieur « monsieur » tout
court. Ça me gêne.

BREHANT

Ayez un peu de patience. Les voitures?

PÉCHARD

On attelle. On selle les chevaux.

BREHANT

M. de Saint-Bel vous demandera un cheval
difficile. Prenez note de lui donner *Alfa*.

PÉCHARD

C'est le plus sage de l'écurie.

BREHANT

Vous ne le lui direz pas.

PÉCHARD, *avec un sourire.*

Je sais, monsieur, je sais, je connais M. de Saint-Bel depuis longtemps...

BREHANT

Je n'ai pas envie, pour mes débuts de maître d'équipage, d'avoir un accident... Vous conseillerez *Grimace* et *Violette* à M. le marquis et à madame la marquise de Fé.

PÉCHARD

On les avait réservés pour M. et madame d'Exireuil...

BREHANT

M. d'Exireuil est retenu au château par ses occupations et madame d'Exireuil est souffrante.

PÉCHARD

Parfaitement... Pour M. le baron le landau et ses chevaux ordinaires ?

BREHANT

C'est cela. (*Entre la princesse en amazone.*)

LA PRINCESSE

Et pour moi, *White Star*, n'est-ce pas ?

PÉCHARD

C'est inscrit, madame la princesse...

BREHANT

C'est inscrit, n'est-ce pas ?... Revoyez tout cela vous-même... Pas d'accroc, vous m'entendez...

PÉCHARD

Oui, monsieur le comte.

BREHANT

Pas le plus petit accroc !...

PÉCHARD

Comptez sur moi, monsieur le... Je vous demande pardon... Et puis, monsieur est si... Il faut vraiment veiller sur soi pour ne pas donner un titre à monsieur...

BREHANT

C'est bien... (*Péchard sort.*) Envoyez-moi
Fricandeau !

LA PRINCESSE

Il a raison, vous savez...

BREHANT

Oh ! princesse... venant de vous... ce com-
pliment... Mais comment se fait-il que vous
ayez quitté tout le monde ?...

LA PRINCESSE

Pour venir vous aider...

BREHANT, *embarrassé.*

C'est fort aimable à vous.

LA PRINCESSE

Votre femme étant... immobilisée... je lui
ai demandé l'autorisation de la remplacer
pendant que ces dames achèvent leur toilette.
J'ai pris, moi, la précaution de m'habiller
avant le déjeuner. Et puis, je voulais vous
voir seul à seule...

BREHANT

Pour ?

LA PRINCESSE

Mais pour vous voir... simplement... (*Entre Fricandeau, valet de limier. Tenue de l'équipage.*)

BREHANT

Voici Fricandeau... Princesse, je vais vous confier un secret. Pour mes débuts de maître d'équipage, je crois avoir fait un coup de maître...

LA PRINCESSE

Cela ne m'étonne pas. Hier soir, à dîner, vous avez, pendant une demi-heure, parlé de vénerie avec une compétence...

BREHANT

Oui, la théorie... Mais, ce matin, nous avons fait de la pratique. Fricandeau que voici et que j'ai enlevé au comte de Tasc, en était lui-même surpris... Voici le secret. Vous ne le répéterez pas ?... Eh bien, La Broussaille nous donnait à chasser une simple quatrième tête, et à des kilomètres !... Nous avons dépisté ou plutôt, je puis le dire, j'ai dépisté un dix cors qu'on pourra lancer à vingt minutes d'ici.

FRICANDEAU

Je venais dire à monsieur, j'ai peur que ce soit une biche.

BREHANT

Et moi, j'ai peur que vous soyez un daim. (*Gros rire.*)

LA PRINCESSE

Charmant...

BREHANT, à *Fricandeau.*

Faites disposer les relais comme je vous l'ai dit et les six chiens à la Fontaine-Noire, monsieur Fricandeau...

FRICANDEAU

Bien, monsieur. (*Il sort.*)

SCÈNE II

BREHANT, LA PRINCESSE

BREHANT

Fricandeau veut me la faire à l'oseille...
(*Rire.*)

LA PRINCESSE

Vous abusez, cher ami... Ne parlez pas :
cela trouble l'admiration qu'inspire votre costume... Êtes-vous beau, là-dedans ! Êtes-vous
beau ! Êtes-vous beau !... Vous ne le croyez
pas, je parie ?

BREHANT, *modeste.*

Si... un peu... Mais je suis gêné quand on
me le dit...

LA PRINCESSE

Cela vous est désagréable ?

BREHANT

Non. Mais vous me faites oublier mes devoirs de maître d'équipage...

LA PRINCESSE

Hélas! (*Il a sorti de sa poche une carte.*) Qu'est cela ?

BREHANT

Un fragment de la carte d'état-major de la région... Il ne s'agit pas de se perdre.

LA PRINCESSE, *admirative.*

Comment, vous savez voir quelque chose dans ce chaos de signes, de traits et de lettres !...

BREHANT

Parfaitement. Voilà où nous sommes... Nous irons là... (*Il étale la carte sur une table et s'assied. La princesse s'assied à côté de lui.*)

LA PRINCESSE

Voyons, voyons... Vous dites que nous sommes... où ?

BREHANT

Ici.

LA PRINCESSE

Je ne vois pas...

BREHANT

Vous voyez bien, ici, Ozerpie ?

LA PRINCESSE, *joyeuse.*

Oh ! oui ! oui ! je vois... (*Se rapprochant.*)
Mais, c'est très amusant. Le château n'est pas
marqué ?

BREHANT

Le voilà.

LA PRINCESSE

Où ?

BREHANT

Vous ne voyez pas... ce petit carré... Là...
là... Il y a C, H, et a, u, plus petit...

LA PRINCESSE

Non... non... je... Oh ! c'est très mal ce que
vous faites là, mon ami...

10.

BREHANT

Comment !

LA PRINCESSE

C'est très mal ! très mal !...

BREHANT

Comment, c'est très mal ! Mais je ne fais
rien du tout...

LA PRINCESSE

Vous abusez de ma faiblesse... Oui, je suis
coupable... Mais je croyais pouvoir vous cacher... (*Pâmée, la tête renversée sur l'épaule
d'Olivier.*) Oh ! que c'est mal !... que c'est
mal !...

BREHANT

Mais elle va s'évanouir... Et devant la salle
à manger !

LA PRINCESSE, *revenant à elle.*

C'est très mal, Olivier... Oui, je vous... (*Il
la baise sur les lèvres. Instant d'oubli. Tout
à coup Olivier se dégage.*)

BREHANT

Ce n'est pas généreux, ce que vous faites
là !...

LA PRINCESSE

Qu'est-ce qu'il vous est arrivé, tout à
coup ?...

BREHANT, *presque pleurant.*

Ce qui m'est arrivé ?... Dans l'éblouissement
que m'a causé mon... votre...

LA PRINCESSE

Oui, passez, je sais ce que vous voulez dire.

BREHANT

J'ai vu, en imagination, j'ai vu devant mes
yeux un Olivier Brehant, moi-même, surpris,
traîné en justice, et de là, dépouillé, banni...

LA PRINCESSE

... Cherchant le gîte du séparé de corps et
traînant sa besace de séparé de biens...

BREHANT

Oui... Et vous le savez ! Et vous me faites

perdre la tête. Il n'y a pas à dire, je perds la tête. (*Entre la baronne.*)

SCÈNE III

BREHANT, *puis* LA BARONNE, GROMMELAIN, SAFFRE, CATHERINE

LA BARONNE

Voilà Olivier qui sans doute va bien vouloir, maintenant, s'occuper de moi.

BREHANT, *empressé.*

Excusez-moi, maman... J'ai eu tant de besogne, ce matin. (*La princesse sort.*)

LA BARONNE

Il va faire bien froid, en voiture.

BREHANT

Oh ! Vous croyez ?

LA BARONNE

Quand part-on ?

BREHANT

Dans une demi-heure, lorsque les retarda-
taires seront prêts...

LA BARONNE, *résignée.*

Allons, je vais aller mettre un gros man-
teau.

BREHANT

On peut l'envoyer chercher...

LA BARONNE

Non... j'irai moi-même... on ne trouverait
pas celui que je veux... Quelle idée ai-je eue
de me laisser conduire ici ?... On m'a relan-
cée, tracassée, torturée pour que j'y vienne
passer quelques jours. Et vous, vous-même...
Vous prétendiez que je m'y porterais mieux.
Eh bien ! expliquez cela : j'y étouffe et pendant ce déjeuner, il m'a fallu tout mon courage pour ne pas mourir.

BRÉHANT

Oh ! maman.

LA BARONNE

Il n'y a que Paris pour être tranquille et se bien porter. Seulement, si je reste à Paris, en ce moment, c'est le suicide... Le baron m'assassine, mon ami... par ses hurlements et ses marches nocturnes. Le jour, ses éclats de voix pénètrent jusqu'à moi, malgré les tentures et les rideaux. Depuis quelque temps, depuis que je vais plus mal, il a des colères d'une violence à perdre la raison. Et qui en souffre, s'il vous plaît? Moi, dont il surexcite la fièvre. Peut-être me laissera-t-on fermer les yeux cette nuit. Ah! mon ami, que de mal on a pour mourir!

CATHERINE, *qui vient d'entrer*.

Oh! madame!... Voilà des années que je vous entends parler de votre mort et, Dieu merci, vous semblez ne faire que rajeunir et gagner de la résistance.

LA BARONNE

Ma faiblesse me protège. Le docteur me dit tous les jours : Votre état n'empire pas, mais c'est parce que vous n'en avez pas la force... Et on ne veut pas croire que je suis malade ! Les personnes qui se portent bien, on ne conteste pas leur santé. Elles ne devraient pas contester la maladie des autres. (*On entend la voix de Saffre gronder au dehors.*) Écoutez-le... Écoutez-le... Je vous dis que ce n'est plus tenable ! (*Saffre entre en criant. Il est suivi d'un domestique très rouge.*)

SAFFRE

Je vous l'ai ordonné deux fois... Et ne me dites pas le contraire... Je n'accepterai pas vos dénégations.

LE DOMESTIQUE

Mais, monsieur le baron...

SAFFRE

J'attends une dépêche, je vous le répète... Et elle est assez importante pour que je ne reste pas là tranquillement jusqu'à ce que madame la receveuse d'Ozerpie veuille bien me l'envoyer... (*Animé.*) Et puis je n'ai pas d'explications à vous donner... Faites ce que je vous ai dit... Allez au bureau de poste...

LE DOMESTIQUE

Oui, monsieur le baron. (*Il sort.*)

SAFFRE

Je ne trouve que de l'inertie autour de moi ! Voilà comment je suis secondé... depuis le plus petit détail jusqu'aux choses les plus importantes... J'attends une dépêche d'Arthur.

LA BARONNE

Il est impossible que vous la receviez avant cet après-midi, vous le savez bien.

SAFFRE, à *Catherine.*

Je l'ai envoyé à Londres pour une affaire d'importance extrême... Et il ne télégraphiera pas.

LA BARONNE

Rappelez-vous. Vous disiez, vous-même, ce matin...

SAFFRE, *calmé.*

C'est juste... Ce n'est qu'hier soir qu'il a pu
arriver à... à... cette ville que je nommais tout
à l'heure... à...

CATHERINE

A Londres?

SAFFRE

Oui... (*Silence.*)

LA BARONNE, *après un long regard.*

Eh bien, Olivier, vous ne voulez pas me
conduire?

BREHANT

Si, maman... (*Ils sortent.*)

SCÈNE IV

SAFFRE, CATHERINE

SAFFRE

De quoi vous parlait-elle, la baronne?...

11

CATHERINE

De sa santé...

SAFFRE

Si elle était aussi malade que je le suis !

CATHERINE

Vous, malade... ?

SAFFRE

Pas malade si vous voulez... Mais j'ai des vertiges, des embarras de paroles... des absences de mémoire comme celle que vous venez de constater. Ce n'est rien, je sais bien. La fatigue peut-être...

CATHERINE

Vous vous surmenez...

SAFFRE

Ah ! je puis vous confier qu'en ce moment, j'ai besoin, pour faire tête à l'orage, de tout mon temps, et de toutes mes énergies... (*Après un silence.*) Vous ferez, je parie, apprendre l'histoire de France à votre fils.

CATHERINE

Quelle question inattendue !...

SAFFRE

Savez-vous à quoi cela sert aux hommes ?
Cela ne peut jamais servir a les inspirer, mais
seulement à leur faire peur. Depuis quatre-
vingts ans, l'histoire a enregistré et elle nous
enseigne un terme nouveau pour le décou-
ragement. C'est Waterloo que je veux dire.
Waterloo, cela exprime un genre de désastre
humain qui jadis n'avait pas encore de nom
définitif. Jusque-là, si on se lançait dans les
aventures, on savait bien, pardieu, que ça pouvait mal tourner. Mais faute de dénomination
scientifique on ne prévoyait pas, on oubliait,
on ignorait le cas par lequel on était condamné
à périr. Waterloo !... Ces trois syllabes ont
résumé et fixé le sens irrémédiable de plus
d'une destinée.

CATHERINE, *de même.*

De quoi allez-vous vous inquiéter là ?

SAFFRE

C'est que, ma chère fille, il n'y a pas de situation où l'on soit plus superstitieux, voyez-vous, que durant les intervalles d'une grande lutte, pendant ces répits où l'on reconnaît sa fatigue, et qui retardent le dénouement dont on a hâte.

CATHERINE

Mais M. d'Exireuil parlait de victoire, ce matin.

SAFFRE

M. d'Exireuil laisse si facilement transparaître les impressions que je ne permets qu'aux seules bonnes nouvelles d'arriver jusqu'à lui.

CATHERINE, *affectant l'enjouement.*

Ne perdez pas de vue que pour être exposé à un Waterloo il faut avoir toute l'Europe contre soi!...

SAFFRE, *légèrement.*

Eh! cela ne peut-il pas toujours se pré-

senter?... Supposez une diabolique alliance
de toutes les banques, de toutes les Bourses
du continent contre la politique financière
d'un seul homme, contre l'empire d'un maître
de l'argent, dont la dernière partie se joue-
rait?... Belle situation, du reste, pour y
échanger de beaux coups !

CATHERINE

Prenez garde !... Il ne faudrait point parler
de la sorte devant des détracteurs : on s'em-
presserait de colporter non pas que vous
êtes atteint du délire des grandeurs, car vous
avez le droit de vous comparer aux plus
grands, mais de celui de la persécution.

SAFFRE

Ne faites pas attention, je suis dans une pé-
riode de lutte et de crise. J'attends Grouchy.
(*Un temps.*) Je voulais... Oui, je désirais
vous voir seule, ma chère fille, pour vous
parler d'une petite chose qui me tient à cœur...
Vous savez comment j'ai été amené à faire

une position, auprès de moi, à ce brave Exireuil?... Il me fallait quelqu'un qui pût, jusqu'à
un certain point, me servir de chef de cabinet... Vous remarquerez que je persiste à voir
grand. (*Il rit.*) Je n'ai encore qu'à me féliciter
de ce choix. Exireuil s'est déjà acquitté d'une
mission à Francfort, avec beaucoup d'habileté.
Aujourd'hui je ne pourrais plus me passer
de lui.

CATHERINE

Il est complètement ruiné, n'est-ce pas ?

SAFFRE

Je le crains... En tout cas, il cherchait à
faire quelque chose de lucratif.

CATHERINE

Et vous vous êtes trouvé là : la chose peut
s'appeler une bonne fortune.

SAFFRE

Mon meilleur motif pour avoir eu d'avance
sur ce garçon une opinion favorable, c'est que

sa famille, je crois bien, avait été en relations
suivies avec la vôtre?... (*Silence.*) J'étais per-
suadé, en outre, que vous aviez de la cordialité pour lui.

CATHERINE

J'en ai toujours... Puisque la vie est devenue cruelle, il ne peut m'en inspirer que plus
de sympathie.

SAFFRE

Bien! Je suis content de rencontrer en vous
ces dispositions!... Ce qui dépendait de moi,
je l'ai accompli avec grand plaisir pour un
homme d'excellente compagnie, que je voyais
réduit aux pires extrémités... Mais vous, ma
chère fille, avec votre grâce exquise, vous
pouvez seule m'aider à parfaire cette tâche de
bienfaisance...

CATHERINE

Vraiment?... Et comment cela?

SAFFRE

Quand je lui ai offert la situation qu'il a acceptée, Exireuil m'a pourtant marqué beaucoup d'hésitation... Il redoutait d'encourir, dans une certaine mesure, une déchéance mondaine... J'aimerais qu'autour de moi, afin de rendre complète la petite bonne action, l'on facilitât les efforts de ce pauvre diable pour garder tout son rang dans le monde... Je vous prie de lui marquer bien amicalement sa place, dans le cadre de vos relations, de vos plaisirs... de vos réceptions.

CATHERINE

Certainement.

SAFFRE

Par exemple, quand j'irai chez vous, pour quelques jours, vous pourriez l'inviter avec moi. C'est un ménage charmant.

CATHERINE

Il y a une difficulté. J'aurai probablement encore, à ce moment-là, ma belle-mère chez moi.

SAFFRE

La présence de ma femme n'a rien à voir avec ce que je vous dis.

CATHERINE

C'est la question de manque de place. Vous savez bien que tant que ma belle-mère nous accorde de l'avoir à demeure, il lui faut trois pièces à son service : une pour le jour, une pour la nuit et une auprès d'elle pour sa femme de chambre.

SAFFRE

C'est que j'aurai besoin de M. d'Exireuil auprès de moi. (*Il voit venir le marquis de Renève.*) Je vais vous laisser avec le marquis... Je suis vraiment préoccupé. Je vais travailler avec Exireuil... (*A Renève.*) N'oubliez pas ma commission auprès de ma belle-fille.

SCÈNE V

CATHERINE, RENÈVE

RENÈVE

Je suis chargé par votre père d'une sorte
d'enquête discrète auprès de vous. Avez-vous
quelque raison de ne pas être accueillante aux
Exireuil ? Seriez-vous par hasard armée de
préventions... bien à tort... contre la jeune
femme ?

CATHERINE

Je me demande en quoi votre intermédiaire
était requis pour cette question.

RENÈVE

Je me le suis demandé aussi... J'ai cherché
par quelles complications de pensée le baron
Saffre avait cru devoir se recommander à moi,
chétif, pour obtenir de sa belle-fille le bon rè-
glement d'une chose à laquelle il s'intéresse...

Mais j'ai eu beau faire, je n'ai abouti qu'à une seule explication.

CATHERINE

Laquelle?

RENÈVE

Votre beau-père croit sans doute que je suis votre amant. Oh! ne vous fâchez point !... réfléchissez plutôt... Sinon quel motif aurait-il eu de recourir à mon crédit auprès de la femme de son propre fils?... Et ce n'est pas ma faute s'il m'a lui-même reconnu ainsi peut-être le plus digne de vous!...

CATHERINE, *fière.*

.Pourquoi vous obstiner ainsi à des poursuites indignes de vous et de moi... que pouvez-vous en attendre? Admettriez-vous donc de me partager avec... mon mari ?...

RENÈVE

Vous partager? Non. C'est toute votre exis-

tence que je veux et toute la mienne que je
vous offre. Soyez à moi... à moi seul.

CATHERINE

Non ! Je ne puis pas me reprendre à l'homme
à qui je suis. L'on m'a vendue à lui... je me suis
livrée... Tout cela est régulier et définitif !...
Voyez-vous, mon cher, je descends d'une maison où l'on a toujours loyalement servi de son
mieux en payant de sa personne, jusqu'à la
dernière extrémité. Pour nous autres femmes,
se soumettre à une exigence abhorrée, défaillir
d'horreur à son poste sans le déserter, c'est là
notre façon de savoir aussi servir.

RENÈVE, à voix basse.

Ecoutez-moi... Au nom du ciel, Catherine...
Eh bien ! oui. Tout ce qu'il faudra, j'accepte le
partage.

CATHERINE, sortant par la gauche.

Moi pas !... (Elle sort.)

SCÈNE VI

LA PRINCESSE, GROMMELAIN, RENÈVE, *puis* M. DE
NARGENCEY, DE SAINT-BEL, *deux invitées, puis* LA
BROUSSAILLE.

LA PRINCESSE

Est-ce que le baron ne chasse pas ?

GROMMELAIN

Non. Il suit en voiture avec la baronne et
madame Arthur Saffre.

RENÈVE, *à Grommelain.*

Je vous disais un jour qu'il n'y avait que
l'amour pour attacher ensemble les êtres. Vous
m'avez répondu qu'il n'y avait que l'argent.
Nous oubliions tous les deux quelque chose :
il y a leur probité.

GROMMELAIN

Qu'est-ce qui lui prend ?

UNE DAME

Dites-moi, croyez-vous qu'on pourrait lui demander un tuyau sur une affaire de bourse, au baron ?

GROMMELAIN

Adressez-vous à M. d'Exireuil, son bras droit. C'est lui qui est chargé des rapports avec les gens du monde, et des ambassades difficiles.

LA PRINCESSE

A l'étranger ?

GROMMELAIN

Quelquefois.

SAINT-BEL

Il a là une belle situation, Exireuil.

GROMMELAIN

Très belle.

LA PRINCESSE

On ne lui aurait pas cru, n'est-ce pas, autant de dispositions pour la finance ?

GROMMELAIN

Non.

SAINT-BEL

Non.

UNE DAME

On n'a pas vu madame d'Exireuil au déjeuner.

GROMMELAIN

Elle est souffrante.

LA PRINCESSE

Tout d'un coup, alors, parce qu'hier soir,
elle était très bien.

GROMMELAIN

Une grosse migraine.

LA PRINCESSE

En effet... je me rappelle... elle a été prise
hier soir pendant qu'on chantait... Tenez : au
moment où l'on a annoncé que le baron arri-
vait ce matin...

BREHANT, *ouvrant la porte.*

Mesdames, messieurs, je vous en prie, pressons-nous, pressons-nous... (*Un temps.*)

NARGENCEY, *à M. de Saint-Bel, désignant le valet de limier qui cause au dehors avec Olivier.*

Je vois que Brehant a gardé La Broussaille, le brave La Broussaille.

SAINT-BEL

Oui... Ça fait plaisir de le revoir... Il me semble que ce pauvre Foncedrecq est encore ici.

NARGENCEY

Quel chagrin il a eu à vendre cette terre d'Ozerpie! Mais, comme vous dites, on est content de revoir les mêmes figures dans l'équipage... J'ai eu une impression semblable en passant devant le chenil des limiers.

SAINT-BEL

On ne se trouve pas dépaysé.

NARGENCEY

On se sent toujours chez soi, ce sont des petits riens qui gardent à un domaine son caractère seigneurial en dépit des Olivier Brehant.

BREHANT

On est prêt ? Je vous demande pardon de
vous bousculer, mais, vous le savez, si on ne
respecte pas les traditions, il n'y a plus de vénerie possible...

NARGENCEY

Il a raison.

BREHANT

N'oubliez pas que nous sommes avancés
dans la saison et que la nuit vient vite... Ma
trompe ! Où est ma trompe ?

SAINT-BEL

Il nous faudra le recevoir, ce monsieur ?

NARGENCEY

Dame... Nous avons accepté son invitation...
Nous verrons comment il va se comporter...

(*Un domestique apporte une dépêche à Grommelain qui la lit.*)

LA PRINCESSE, *à Grommelain, à part.*

C'est lui qui a choisi les couleurs de son équipage?...

GROMMELAIN

Naturellement.

LA PRINCESSE

Rouge et argent.

GROMMELAIN

Il faut lui savoir gré du tact dont il a fait preuve en ne profitant pas de ce que chez lui tout peut être doré.

LA PRINCESSE

Il fait des économies.

GROMMELAIN, *l'entraînant un peu à l'écart.*

Il n'a peut-être pas tort.

NARGENCEY

Je regrette l'absence de la comtesse de Grommelain.

SAINT-BEL

Elle est souffrante ?

NARGENCEY

Pas du tout. Elle est partie en buggy avec
le jeune Lionel de Forleaux.

SAINT-BEL

Oui, oui...

GROMMELAIN, *à la princesse, à part.*

Deux banques de Londres et d'Amsterdam,
deux banques de premier ordre, qui s'ap-
puyaient sur Saffre comme Saffre s'appuyait
sur elles, dans une association colossale pour
l'accaparement des lingots d'argent, viennent
de suspendre leurs paiements. Saffre est perdu.

LA PRINCESSE

Perdu !...

GROMMELAIN

Perdu, et nul ne peut dire jusqu'à quel
point... Alors, vous comprenez, le domaine
d'Ozerpie, les chasses à courre, l'habit rouge

du maître d'équipage, et le Rallye-Brehant, ça
me paraît plutôt gai...

LA PRINCESSE

Brehant serait ruiné par contre-coup.

GROMMELAIN

Certes... Et si la correctionnelle attend son
beau-père, il deviendra de relations difficiles.
(*Il rit.*)

LA PRINCESSE

Mais vous-même, n'êtes-vous pas atteint par
cette catastrophe que vous en puissiez parler
ainsi?

GROMMELAIN

Je suis garé.

LA PRINCESSE

Je sais qu'il vient de vous revenir une grosse
somme d'un héritage, mais... vous êtes de la
famille tout de même.

GROMMELAIN

Pas pour longtemps... (*Sur un geste de la*

princesse.) Laissons cela. (*Changeant de ton.*)
Pas un mot de ce que je viens de vous dire.

BREHANT

Mesdames, messieurs, une bonne nouvelle.
Le valet de limier ne nous avait procuré
qu'une quatrième tête. J'ai refait le bois moi-
même, ce matin, et je vous annonce un dix-
cors.

LA BROUSSAILLE, *bas, à Brehant.*

Monsieur... Si vous voulez me permettre,
c'est une biche.

BREHANT, *riant.*

Je vous dis que j'ai vu les fumées.

LA BROUSSAILLE

Moi aussi...

BREHANT, *avec un sourire supérieur.*

Allons!... Cela suffit. Faites préparer pour
découpler.

DE NARGENCEY, *au valet.*

Eh bien! la Broussaille!

LE VALET DE LIMIER, *joyeux.*

Monsieur le comte... (*A Saint-Bel.*) Monsieur le vicomte... (*A Grommelain.*) Monsieur le comte...

GROMMELAIN

Vous n'êtes pas d'accord avec votre maître d'équipage ?

LE VALET DE LIMIER

Pour moi, c'est une biche...

GROMMELAIN, *à ses amis, riant.*

Non! une biche! le voyez-vous, pour son début à Ozerpie, découpler sur une biche !

DE NARGENCEY, *riant.*

Oui, découpler sur une biche...

GROMMELAIN

La Broussaille en rit lui-même!

LE VALET DE LIMIER, *se retenant à peine de rire.*

Monsieur le comte...

GROMMELAIN

Vraiment, vous croyez avoir raison?

LE VALET DE LIMIER

C'est le nouveau valet de limier qui a fait le bois avec monsieur. Il n'est pas malin, le nouveau.

GROMMELAIN

Il dit juger d'après les fumées.

LE VALET DE LIMIER

Il a plu hier soir : il a pris les fumées de la veille pour les fumées de la nuit.

GROMMELAIN

Et la pince ouverte?

LE VALET DE LIMIER

Un cerf aura marché dans la voie...

GROMMELAIN

Il ne peut pas savoir tout cela, M. Brehant.

LE VALET DE LIMIER

Il faut être né là-dedans, comme moi (*Avec regret.*) ou comme ces messieurs.

GROMMELAIN

Dites-moi, mon ami, vous ne devriez pas contrarier votre maître d'équipage, vous entendez...

LE VALET DE LIMIER

Bien, monsieur le comte.

GROMMELAIN, *légèrement.*

Laissez-le faire... Pour le cerf dont vous avez revu, vous avez fait vos brisées... la seconde et les six chiens sont placés ?... Donc, nous avons une chasse assurée : la vôtre.

LE VALET DE LIMIER

Oui, monsieur le comte. Mais la prise sera tard à la fin de la journée.

GROMMELAIN

Eh bien, nous ferons la curée froide. Une curée aux flambeaux dans la cour du château, ce sera superbe ! Allez, mon ami, et ne contrariez pas votre maître d'équipage.

SAINT-BEL

Ne le contrariez pas.

GROMMELAIN, à *la princesse.*

Ah ! si pour le bouquet il a découplé sur une biche... alors, je ne désire plus rien sur la terre.

LA PRINCESSE

Comment cela ?

GROMMELAIN

Comment ! Mais découpler sur une biche, c'est l'impair le plus énorme que puisse commettre un maître d'équipage !... Sur une biche !... Un grand veneur se considérerait comme déshonoré... Quel malheur que je ne puisse voir cela !

LA PRINCESSE

Vous ne venez pas ?

GROMMELAIN

Non. Je ne vous rejoindrai que plus tard. J'attends ici une visite importante. Vous saurez

tout cela... et s'il a découplé sur une biche,
faites-le-moi savoir au plus tôt... (*Un domestique apporte à Grommelain une carte de
visite.*)

GROMMELAIN

Ce monsieur est ici?...

LE DOMESTIQUE

Dans le petit salon.

GROMMELAIN

Je vais le recevoir tout à l'heure. Est-ce que
madame la baronne est chez elle?

LE DOMESTIQUE

Oui, monsieur le comte. (*Grommelain sort.*)

BREHANT, *revenant à la princesse, dans le
brouhaha du départ, sans pouvoir tenir en
place.*

Comment, Grommelain s'en va... il doit
crever de dépit, mon noble frère... Car vous
savez, princesse, c'est un succès, un succès
énorme... Je puis bien vous le dire, à vous, je
suis heureux, très heureux et très fier...

SAINT-BEL, *à Brehant.*

J'espère que l'on m'a choisi un cheval qui me fasse sentir que j'ai quelque chose dans les mains. Parce que moi, vous savez, plutôt que de monter un veau, j'aime mieux le rocking-chair. Partout où je vais, d'ailleurs, on le sait et on me choisit un animal sensible.

BREHANT

Je vous en ai fait réserver un dont vous me direz des nouvelles.

SAINT-BEL

Parce que moi, vous savez, plutôt que de monter un veau...

NARGENCEY

Personne ne l'ignore, mon cher ami.

BREHANT, *à la princesse.*

Je suis très nerveux .. Dites-moi, princesse... ne soyez pas trop surprise ni effrayée si ce soir vous entendez ouvrir la porte de votre chambre... j'irai continuer les explications de la carte d'état-major.

LA PRINCESSE, *de très haut.*

Je crois, monsieur, que vos succès de vénerie vous ont tourné la tête...

BREHANT, *ahuri.*

Mais, princesse ..

LA PRINCESSE

L'injure est trop grosse pour que je m'en
fâche, et je vous pardonne pour cette fois...
Mais à l'avenir, je vous prie de ne plus oublier
qui je suis ni qui vous êtes et de garder à
votre femme une affection qui est une dette,
vraiment.

BREHANT

Mais, princesse...

LA PRINCESSE, *sans rire.*

Et n'oubliez pas pour cela que vous êtes
maître d'équipage.

BREHANT

Vous avez raison... Mais... enfin...

SAINT-BEL ET D'AUTRES

Brehant! C'est vous qu'on attend, maintenant...

BREHANT

Me voici, me voici. (*Il sort en embouchant
sa trompe. On entend sonner une fanfare de
chasse.*)

SCÈNE VII

GROMMELAIN, LA BARONNE, PLOCHE

GROMMELAIN

Le Rallye-Brehant! C'est admirable! (*A la
baronne qui vient d'entrer.*) Je suis heureux,
madame, que vous ayez renoncé à suivre la
chasse, car j'ai une chose importante à vous
dire. Voici : j'ai des raisons de douter de la
fidélité de Marie-Blanche.

LA BARONNE

Vous auriez le ridicule d'être jaloux?

12.

GROMMELAIN

Non. Mais je désire savoir à quoi m'en tenir. Et, si vous le voulez bien, je vais recevoir devant vous le personnnage dont voici la carte.

LA BARONNE

En quoi avez-vous besoin de moi pour cela?

GROMMELAIN

Vous verrez que votre présence était indispensable. (*Entre M. Ploche.*)

LA BARONNE

Quel est cet homme ?

GROMMELAIN

Un homme à tout faire, autrefois usurier, aujourd'hui directeur d'une agence de recherches.

PLOCHE

Bonjour, monsieur le comte... Madame... Votre santé est toujours bonne? J'en suis ravi... Vous m'avez fait dire, monsieur le comte, de vous apporter ici les renseignements.

GROMMELAIN

Vous avez des renseignements?

PLOCHE

Oui, monsieur le comte. (*Regard à la baronne.*) Mais...

GROMMELAIN

Parlez... Parlez...

PLOCHE

Comme il vous plaira... Ils sont à souhait. Lorsque vous m'avez fait l'honneur de vous adresser à mon agence, vous m'avez chargé d'organiser une surveillance autour de madame la comtesse que vous supposiez capable de faits... délictueux, et de vous donner en même temps le nom des... comment dirais-je?... du complice, les preuves qu'il me serait possible de recueillir. Je dois dire que le succès a dépassé nos espérances...

GROMMELAIN

Comment cela?

PLOCHE

Je puis continuer?... Nous avons largement les éléments nécessaires pour servir de base à une instance en séparation ou en divorce... Si monsieur désire toujours connaître les déplacements de madame la comtesse...

GROMMELAIN

Vous vous exprimez avec un tact.

PLOCHE, *saluant.*

Nous avons l'habitude de travailler pour les gens comme il faut.

GROMMELAIN, *sec.*

C'est bien. Alors?

PLOCHE

Il y a une difficulté, cependant... Vous connaissez le proverbe : il ne faut pas courir deux lièvres à la fois. Mon Dieu, oui! Monsieur le comte va être appelé à faire un choix.

GROMMELAIN

Un choix?

PLOCHE

Parfaitement, les observations portent que
madame se rend alternativement à deux en-
droits de rendez-vous... et à chaque endroit
c'est pour une personne différente.

GROMMELAIN, à *part*.

Charmant, ma parole! Vraiment charmant !
(*A M. Ploche.*) Voulez-vous m'apprendre le
nom de ces messieurs ?

PLOCHE, *fouillant dans sa serviette.*

Ah! Nous avons d'abord le locataire d'un
petit appartement situé tout à proximité de
chez vous, monsieur le comte, dans une maison très propre... oui, à quelques minutes de
votre hôtel... Madame se rencontre là avec un
monsieur à tournure militaire qui s'appelle...
qui s'appelle... Voyons donc un peu... Je me
souviens qu'à la seconde fois il a pu être suivi
jusqu'à sa demeure... Voilà, voilà : il s'appelle M. d'Iancey.

GROMMELAIN

Comment, encore ! Mais il n'est marié que depuis six mois.

PLOCHE

Je ne sais pas...

GROMMELAIN

Et qui est le second ?

PLOCHE

C'est un certain M. de Forléaux qui habite avec sa mère... Il reçoit madame la comtesse dans une chambre d'hôtel meublé, d'aspect très ordinaire, de la rue de l'Étoile... Vous comprenez, un tout petit jeune homme? Il n'aura pas pu se lancer dans les frais d'une installation... Et puis par là ce n'est peut-être qu'une amourette... En tout cas c'est à cette circonstance que nous devons le succès auquel je faisais allusion. Nous avons pu, discrètement, rentrer en possession de certaines lettres émanant de madame la comtesse et qui sont tellement... caractéristiques... Vous jugerez, d'ailleurs, monsieur le comte. Les voici, par dates... Celle-ci est la plus récente... Monsieur le comte voit. Il a de quoi édifier un tribunal... ceci... et cela encore...

GROMMELAIN

C'est bon... Comment vous les êtes-vous procurées, ces lettres ?

PLOCHE

M. Lionel de Forléaux les conservait dans cette chambre de la rue de l'Étoile, dont la concierge qui est devenue une auxiliaire avait une double clef.

GROMMELAIN

Bien. (*Il met les lettres dans la poche intérieure de son veston.*) Maintenant... (*Il réfléchit.*) Comment êtes-vous venu ?

PLOCHE

En automobile.

GROMMELAIN

Mazette !

PLOCHE

On est de son temps.

GROMMELAIN

Alors, voici ce que je vous prie de faire. Vous allez demander à un domestique de vous désigner M. Lionel de Forléaux. Vous direz à ce monsieur que vous venez le chercher. Vous inventerez un prétexte.

PLOCHE

Sa mère malade...

GROMMELAIN

Si vous voulez. Vous le prendrez avec vous sur votre voiture. En route, vous lui direz que je sais tout et qu'en l'éloignant de moi, vous lui avez sauvé la vie. Si vous en retirez quelque gratification, ce sera pour vous un supplément d'honoraires. J'ai l'honneur de vous saluer.

PLOCHE

Au revoir, monsieur le comte. Madame...
(Il sort.)

SCÈNE VIII

LA BARONNE SAFFRE, GROMMELAIN

GROMMELAIN

Eh bien ?

LA BARONNE

Je ne puis qu'en appeler à la générosité de vos sentiments.

GROMMELAIN

Si votre fille prend le sage parti de ne pas se défendre, je vous promets de la ménager autant que possible, je n'alléguerai contre elle que le strict nécessaire. Je ne saurais perdre de vue qu'elle est la mère de mes deux fils. Mais si elle résiste, si elle se permet la moindre imputation envers moi, je serai impitoyable... je ne reculerai devant rien pour m'assurer le gain de mon procès.

LA BARONNE

Votre procès!... Ah! mon ami, il n'est pas possible que vous vouliez pousser les choses à cette extrémité.

GROMMELAIN

Madame, voici à peu près six ans que ma femme me trompe sans interruption. En tout cas, il y a cinq ans que j'en suis sûr, que je le sais pertinemment et que j'assiste sans mot dire à cela.

LA BARONNE

Eh bien, puisque vous avez eu le courage, pendant des années déjà, de supporter cette disgrâce, le plus fort est fait... En cela comme en tout, est-ce que ce ne sont pas les commencements qui doivent être les plus durs?

GROMMELAIN

Ma décision est irrévocablement prise.

LA BARONNE

Ça va faire un scandale épouvantable!...

GROMMELAIN

Il ne sera pas arrivé par ma faute !

LA BARONNE

Je sais bien que certaines considérations
sont forcément reléguées au second plan,
dans ces moments où les fatales questions du
cœur en sont à entraîner la désunion des
époux ! Mais avez-vous suffisamment réfléchi
aux conséquences, mon cher ami, de votre
rupture avec Marie-Blanche ? Songez que c'est
rompre aussi avec la famille du baron Saffre...
C'est important, pour vous, dès aujourd'hui...
et surtout dans le futur...

GROMMELAIN

Je ne vous comprends pas, madame.

LA BARONNE

Eh mais ! la question que je soulève mérite
de reprendre le pas sur la plupart des autres,
vers les âges que vous et Marie-Blanche vous
avez atteints bientôt... Au lieu de céder à de

frivoles dépits, que n'envisagez-vous plutôt
l'avenir consolant... je puis même dire sans
vanité, l'avenir très brillant qui vous est réservé ? N'avez-vous pas à attendre de la part
de mon mari et de la mienne les plus belles
satisfactions du monde ? Combien vous regret-
teriez d'avoir tout sacrifié à des griefs... auxquels vous êtes en droit de croire, mais qui,
en somme, ne peuvent survivre à la jeunesse
de la femme.

GROMMELAIN

Oh! Si je m'en reposais sur l'héritage du
baron Saffre pour être dédommagé de mes dé-
boires, ce serait mince.

LA BARONNE

Vous êtes difficile.

GROMMELAIN

Madame, à l'heure présente, la fortune du
baron Saffre est irrémédiablement perdue.

LA BARONNE

Quelle est cette plaisanterie ?

GROMMELAIN

Je vous annonce une chose très sérieuse.
Du train où vont les opérations, votre mari
sera bientôt parvenu à la ruine totale. Ce n'est
plus à présent qu'une affaire de quelques
mois... ou seulement de quelques semaines...

LA BARONNE

Voyons! Expliquez-vous!

GROMMELAIN

Je ne voudrais ni ne saurais entrer dans des
détails techniques. Ce que je puis dire de la
conception à laquelle votre mari aura dû sa
perte, c'est que si elle a été grandiose à l'ori-
gine, elle est devenue insensée... Evidemment,
pour arracher à un lutteur aussi acharné que
lui une fortune telle que la sienne, il aura
fallu un formidable engrenage! Mais, à notre
époque, vous avez plus d'une fois entendu
parler, n'est-ce pas, de catastrophes aussi gi-
gantesques! En ce moment, madame, votre
mari est aux prises avec la spéculation sur

tous les marchés du monde, depuis New-York
jusqu'à Berlin. De ceux qui s'étaient associés
à sa chance, il n'en est plus un seul debout
aujourd'hui. Le baron Saffre doit à ses moyens
extraordinaires de tenir encore, mais il va
tomber, c'est son tour.

LA BARONNE

Etes-vous certain de l'exactitude de vos
renseignements?

GROMMELAIN

Absolument.

LA BARONNE

Pouvez-vous me dire comment vous avez
été ainsi informé?

GROMMELAIN

Par un parent placé pour tout savoir.

LA BARONNE

Je ne peux pas laisser tranquillement une
pareille calamité s'accomplir?... Mon ami, je
m'adresse à vous de toute mon âme, comme

au père de mes petits-enfants, comme à mon
fils... que vous êtes devant la loi de Dieu et
celle des hommes!... Aidez-moi... Indiquez-
moi ce que j'ai à faire pour me sauver, moi?

GROMMELAIN

Dame! C'est délicat... la manière la plus
correcte, à mon avis, pour arranger les questions de famille, c'est de les remettre aux gens
de loi. Le baron Saffre a dû, à bien des reprises, vous soutirer votre signature?

LA BARONNE

Oh! pas souvent!...je me serais méfiée!

GROMMELAIN

Eh bien! dépêchez-vous!... Il est peut-être
encore temps de sauver pas mal de choses...
un gros morceau, qui sait?

LA BARONNE

Je vais agir... Quant à Marie-Blanche...

GROMMELAIN

Je l'ai fait prier de venir me parler dès son
retour. Vous allez pouvoir l'interroger.

LA BARONNE

J'ai besoin, tout d'abord, de téléphoner, de télégraphier mes ordres à Paris. Causez avec elle. Peut-être est-elle moins coupable que vous n'êtes autorisé à le croire d'après les apparences. Je ne tarderai pas, d'ailleurs, à revenir auprès de vous. (*Entre Marie-Blanche.*)

SCÈNE IX

MARIE-BLANCHE, GROMMELAIN

LA BARONNE

Te voilà déjà de retour de la chasse. Ton mari a besoin de causer avec toi.

MARIE-BLANCHE

On était parti à faux. (*La baronne sort.*)

GROMMELAIN, *oubliant.*

Ça y est! Il avait découplé sur une biche!

MARIE-BLANCHE

Oui. Croyez-vous!

GROMMELAIN, *ne pouvant cacher un certain plaisir.*

Jolis, les débuts du grand veneur!...

MARIE-BLANCHE

On s'est mis à la poursuite d'un autre animal... Ma foi, j'en avais assez. La prise ne
pourra se faire avant la nuit.

GROMMELAIN

Alors, curée aux flambeaux.

MARIE-BLANCHE

Probablement.

GROMMELAIN

Comme chez les Clefcy-Borcq...

MARIE-BLANCHE

A propos, il y a une invitation d'eux à dîner
et une autre des Meuil pour le même soir. A
votre idée, où serait-il préférable d'aller?

13.

GROMMELAIN

Pour quand est-ce ?

MARIE-BLANCHE

Oh ! Pour demain en trois semaines. J'ai envie de ne répondre que dans quelques jours, après avoir, d'ici, de là, cherché quelques données ?

GROMMELAIN

Moi, à si longue échéance, ça m'est égal... Et ça me restera, je le sens, complètement égal.

MARIE-BLANCHE

J'attends que vous m'expliquiez cette énigme.

GROMMELAIN

Dans trois semaines, nous ne dînerons plus en ville.

MARIE-BLANCHE

On a prédit la fin du monde ?

GROMMELAIN

A ce moment la procédure de notre séparation sera commencée.

MARIE-BLANCHE

Quoi?

GROMMELAIN

Vous m'avez entendu.

MARIE-BLANCHE

Vous voulez nous séparer?

GROMMELAIN

Oui.

MARIE-BLANCHE

Peut-on vous demander pourquoi?

GROMMELAIN

Parce que j'ai des raisons de croire que
votre conduite n'est pas au-dessus de tout
soupçon.

MARIE-BLANCHE

Vous êtes jaloux.

GROMMELAIN

On me l'a déjà demandé. J'ai toujours répondu : non.

MARIE-BLANCHE

Alors ?

GROMMELAIN

Le monde où je vous ai fait entrer a, pour certaines fautes, de larges indulgences, mais à la condition que par le soin apporté à les cacher, on donne l'impression de respecter les vertus qu'on ne pratique pas. Vous avez manqué de ce tact. Je ne vous reproche pas de n'avoir plus d'affection pour moi. Mais je vois le moment où vous arriveriez à me rendre ridicule et je vous arrête avant qu'il soit venu.

MARIE-BLANCHE

Je ne vous ai jamais trompé.

GROMMELAIN

Excusez-moi si cette affirmation me porte à rire...

MARIE-BLANCHE

Jaune.

GROMMELAIN

Le mot est d'un goût déplorable et il n'a
même pas le mérite de la nouveauté.

MARIE-BLANCHE

Oh ! Il est certain que je n'ai pas votre cor-
rection.

GROMMELAIN

Ce n'est pas moi qui l'ai dit.

MARIE-BLANCHE

Et comment, s'il vous plaît, êtes-vous aussi,
certain de votre... de votre...

GROMMELAIN

C'est « infortune » qui est le terme d'u-
sage...

MARIE-BLANCHE

De votre « infortune », donc ?

GROMMELAIN

J'en suis certain.

MARIE-BLANCHE

Un tribunal vous demandera des preuves.

GROMMELAIN

Je lui en montrerai.

MARIE-BLANCHE

Moi, je ne puis pas les voir ?

GROMMELAIN

Ce n'est pas utile.

MARIE-BLANCHE

Vous n'en avez pas.

GROMMELAIN

Voulez-vous entendre le nom de votre cor-
respondant, comme on dit en Angleterre, je
crois ?

MARIE-BLANCHE

Voyons.

GROMMELAIN

Lionel de Forléaux.

MARIE-BLANCHE

Comme c'est malin ! C'est mon petit *flirt !*

GROMMELAIN

Oui, mais vous fleuretez ensemble avec
trop de conviction et pas assez d'élégance.

MARIE-BLANCHE

?...

GROMMELAIN

Trop de conviction, parce que vous êtes sa
maîtresse ; et pas assez d'élégance, parce que
vous l'êtes rue de l'Étoile, dans une chambre
d'hôtel meublé.

MARIE-BLANCHE

Ce sont là des renseignements, peut-être,
mais non des preuves.

GROMMELAIN

J'ai les preuves.

MARIE-BLANCHE

Facile à dire.

GROMMELAIN

J'ai vos lettres. Les expressions en sont tri-
viales, mais claires et, sans exiger que je vous

répète certaines phrases d'une tendresse plus
exaltée que prudente, vous reconnaîtrez que
j'ai bien ces lettres en ma possession, lorsque
je vous aurai rappelé que l'une d'elles com-
mence par les mots : « Mon petit lapin bleu. »

MARIE-BLANCHE, *éclatant en sanglots.*

Mon Dieu ! Mon Dieu ! Vous voilà arrivé à
votre but. Vous vouliez me faire pleurer. Voilà
ce que vous vouliez !

GROMMELAIN

Non. Certes. Je vous saurai gré, même,
d'interrompre la manifestation d'une douleur
à laquelle je ne puis m'associer. Quelqu'un
peut venir.

MARIE-BLANCHE, *colère.*

Que m'importe ! Il peut bien venir l'empe-
reur de Chine et le grand Turc, je les *enqui-
quine !*

GROMMELAIN, *sans étonnement.*

Vous voulez dire, sans doute, que vous ne

redoutez pas la présence de ces deux poten-
tats.

MARIE-BLANCHE

Et puis, vous m'agacez avec votre sang-
froid !... Eh bien ! oui, je vous ai fait cocu !...

GROMMELAIN

Il est inutile de le crier si haut.

MARIE-BLANCHE

Oui, je vous ai fait cocu.

GROMMELAIN

J'avais bien entendu la première fois.

MARIE-BLANCHE

Mais vous ne la tenez pas encore, votre séparation. Quand les juges sauront que depuis
trois ans vous avez totalement cessé de me
donner aucune marque, même matérielle, de
votre affection, ils vous diront que, ce qui vous
est arrivé, vous avez couru après.

GROMMELAIN

C'est que je n'ai pas voulu vous fournir ce

prétexte, à ne plus vous gêner. M'abstenir de toute « marque d'affection », comme vous dites, c'était ma seule garantie que vous ne m'imposeriez pas une paternité inacceptable.

MARIE-BLANCHE, *furieuse.*

Et vous avez supporté cela pendant plusieurs années !... Eh ! parbleu, je comprends. Vous vous fâchez aujourd'hui parce que vous venez de recueillir un héritage qui vous permet de vous dessaisir de ma dot. Voulez-vous que je vous dise mon opinion sur vous : vous êtes un joli coco. Mais vous vous trompez si vous croyez que je vais me laisser faire. *(Grommelain se dirige vers la coulisse.)* Eh bien ! Où allez-vous ?

GROMMELAIN

Je n'ai plus rien à vous dire et je n'éprouve aucun plaisir à vous entendre.

MARIE-BLANCHE

Et vous êtes décidé ?...

GROMMELAIN

Dès demain vos lettres seront chez mon avoué.

MARIE-BLANCHE, *pendant que Grommelain sort.*

Alors, moi, qu'est-ce que je deviendrai ? On ne se conduit pas ainsi, monsieur ! Vous êtes un polichinelle, vous entendez !... (*Elle se retourne, voit sa mère qui vient d'entrer et se jette dans ses bras en criant.*) Maman ! On insulte ta fille !

SCÈNE X

MARIE-BLANCHE, LA BARONNE

LA BARONNE

Qu'est-ce qu'il y a ?

MARIE-BLANCHE

Protégez-moi, je vous en supplie... Délivrez-moi de mon mari. Vous savez comment il est. Moi, je ne peux plus rester avec lui.

LA BARONNE

Que s'est-il donc passé ?

MARIE-BLANCHE

Jusqu'à présent je n'avais pas voulu vous ennuyer de plaintes sur l'existence qui m'était faite... Pourtant, la résignation a des limites... Je suis à bout. Je veux sortir de mon esclavage et je n'ai plus d'espoir que dans votre appui et dans toute votre bonté.

LA BARONNE

Pour quoi faire ?

MARIE-BLANCHE

Pour demander mon divorce.

LA BARONNE

Ah ! ça, non ! Jamais je ne te soutiendrai dans la plus indigne des maladresses.

MARIE-BLANCHE

Que vais-je devenir si c'est vous la première
à m'abandonner ?

LA BARONNE

Quels moyens de procès aurais-tu contre
ton mari ?

MARIE-BLANCHE

N'importe lesquels !... Son caractère. Une
femme de chambre est là pour en témoigner...
D'abord mon mari m'a délaissée depuis plusieurs années. C'est une injure, ça ?... Et s'il
se mêle, lui, de répondre quelque chose, il n'y
aura certainement qu'un cri contre lui ! C'est
le pire des malappris.

LA BARONNE

Le monde se moque des torts que les époux
peuvent avoir vis-à-vis l'un de l'autre. Mais
vis-à-vis de lui, il y a un tort qu'il ne leur
pardonne pas, rien qu'un : celui de se désu-
nir !... Écoute-moi, ma fille, les « femmes

seules » ne sont pas d'usage. Dans le défilé du high-life, la femme n'existe, ne doit être présentée qu'en paire, avec un mari... Je te le répète, il n'y a qu'un rôle pour la femme, c'est de rester en ménage.

MARIE-BLANCHE

Là-dedans, elle peut tout commettre, à condition qu'elle s'en cache.

LA BARONNE

Pas même : qu'elle fasse semblant de s'en cacher.

MARIE-BLANCHE

Il ne faut pas troubler l'harmonie délicate, le cercle réservé de la bonne compagnie.

LA BARONNE

Je te mets en demeure de renoncer à un projet tout à fait ridicule. Et sois bien convaincue que, pour ma part, je ne t'y soutiendrai nullement... Au contraire !

MARIE-BLANCHE

Oh! je ne puis pas croire que vous me re-
jetteriez ainsi! (*Entre Saffre.*)

SCÈNE XI

Les Mêmes, le baron SAFFRE

LA BARONNE

Savez-vous ce que Marie-Blanche me demande? De l'aider pour intenter à son mari
une instance en divorce.

MARIE-BLANCHE

Et je vous le demande, à vous aussi.

SAFFRE

Je t'ai toujours tenue pour un peu folle.

MARIE-BLANCHE

Si je ne fais pas la demande, c'est mon
mari qui la fera.

SAFFRE

Il a donc, pour cela, des motifs graves?
(*Silence.*) Tu n'as qu'une ressource, c'est
d'obtenir ton pardon, quand bien même, au
nom de tes enfants, il te faudrait l'implorer à
genoux.

MARIE-BLANCHE

Jamais !

SAFFRE

Ainsi... grande maladroite ! tu t'es laissée
prendre en faute... c'est grotesque !... Dieu
sait que tu n'avais pas cependant un mari
gênant !... Mais tu n'as pas eu de cesse, que
ta conduite ne lui ait sauté aux yeux ! D'ailleurs, tu te trahissais toi-même, chaque jour,
par tes propos, tes toilettes, par tant de modi-
fications dans tes manières... Voici des mois
que, en ce qui me concerne, je devinais, je
flairais...

MARIE-BLANCHE

Quoi ?

SAFFRE

Va, va! Un père n'est pas aussi godiche qu'un mari!... Depuis quelque temps tu me faisais l'effet d'une femme à la veille de mal tourner et qui n'attend qu'une occasion... pour jeter son bonnet par-dessus les moulins...

MARIE-BLANCHE, *avec un demi-sourire.*

J'étais à la veille... Depuis quelque temps... Depuis peu, n'est-ce pas?... Tu es très fin.

SAFFRE

Tu pensais que j'allais me charger d'arranger tes sottises... Non pas... tu as tous les torts, tu l'avoues... ou à peu près, ce qui est suffisant... Par conséquent... (*Un domestique apporte une dépêche à Saffre et s'en va. Saffre la lit. Pas un muscle de son visage ne bouge. Il la relit dans un long silence et la met dans sa poche comme un chiffon de papier. Il reprend automatiquement :*) Par conséquent, tu dépends de ton mari. Il ne demandera pas le divorce, lui.

LA BARONNE

Vous vous trompez : il l'exige.

SAFFRE

De quoi vivrait-il ?

LA BARONNE

De l'héritage qu'il vient de faire.

SAFFRE

Il ne renoncera pas au mien.

LA BARONNE

Si.

SAFFRE

Il vous l'a dit ?

LA BARONNE

Oui.

SAFFRE

Ah ! ah ! Je comprends ! Les rats qui quittent
le navire ! Il me croit ruiné !... En attendant,
toi, je te le répète, tu dépends de ton mari.
Je n'ai rien à dire contre l'exercice de ses
droits. Et au surplus, il ne me conviendrait

pas de m'humilier devant cet individu, en
sollicitant la grâce d'une coupable.

MARIE-BLANCHE

Qu'est-ce que je vais devenir ?

SAFFRE

Ce que tu voudras.

MARIE-BLANCHE

Je ne m'attendais pas à vous voir si rigo-
riste. (*Silence.*) Puisque ce n'est pas un titre
envers vous d'être votre fille, et votre fille en
peine, ce serait en tout cas équitable que vous
ayez une indulgence exceptionnelle pour les
faiblesses de n'importe qui.

SAFFRE

Plaît-il ?

MARIE-BLANCHE

Je veux dire que personne n'est parfait !...
que ceux qui observent les autres, sont obser-
vés aussi... et que vous auriez été plus juste
en étant moins sévère.

SAFFRE, *menaçant.*

Ah ! pas d'apologues !... Explique-toi complètement, si toutefois tu es capable de franchise ?

MARIE-BLANCHE, *hors d'elle-même.*

Vous voulez que je nomme par leurs noms les femmes que, du jour où j'ai été en âge de comprendre leur rôle, vous m'avez successivement présentées en exemples, dans votre maison même, par les hommages que vous leur décerniez... et par le tribut que vous leur payiez !...

LA BARONNE, *à voix basse.*

Ah ! Marie-Blanche !... Tu ne vois donc pas que je suis là ! (*Elle sort, les bras au ciel.*)

SAFFRE, *saisissant sa fille par les épaules.*

Va-t'en ! Tu es une fille insolente et rebelle !...

MARIE-BLANCHE

Prenez garde ! Ne me laissez pas oublier que vous êtes mon père.

SAFFRE

Une femme perdue!... Tu m'es inconnue désormais!... Sauve-toi où tu voudras !

MARIE-BLANCHE

Vous ne savez pas ce dont vous me rendriez capable...

SAFFRE

Je te chasse!... Je te défends de reparaître devant moi!... Que je ne te retrouve plus ici... (*Il sort. Après un moment, Exireuil entre du côté où est sortie la baronne.*)

SCÈNE XII

MARIE-BLANCHE, EXIREUIL

EXIREUIL

On me dit que le baron...

14.

MARIE-BLANCHE

Vous cherchez le baron ?... Eh bien, vous le trouverez sans doute auprès de votre femme !

EXIREUIL

Pourquoi me dites-vous cela ?

MARIE-BLANCHE

Imbécile !

RIDEAU

ACTE QUATRIÈME

ACTE QUATRIEME

Un petit salon à Ozerpie.

SCÈNE UNIQUE

GISELLE, *puis* JACQUES, UNE FEMME DE CHAMBRE

Une lampe allumée. Au lever du rideau, Giselle est seule, assise dans un fauteuil et penchée, rêveuse, vers le feu qui brûle dans la cheminée. Elle paraît lasse et triste. Elle se lève pour prendre un livre, pousse un profond soupir, puis elle se rassied, accablée. Elle ne peut lire. Soudain, elle entend monter quelqu'un vers sa chambre. Elle est anxieuse. Jacques paraît : sa figure s'éclaire.

GISELLE, *affectueuse et réussissant à paraître gaie.*

C'est vous ! Vous ne vous êtes point décidé à suivre la chasse?

JACQUES, *soucieux, mais pas assez pour que Giselle le remarque.*

Non. J'ai eu à travailler.

GISELLE

Mais vous disiez ce matin que vous vous efforceriez de la rejoindre à la fin de la journée.

JACQUES

J'ai préféré venir auprès de vous, que je savais souffrante.

GISELLE

Je n'ai rien et je suis désolée que vous vous soyez privé d'un plaisir. (*Souriant.*) J'en suis désolée... mais contente tout de même...

JACQUES

A vous dire la vérité, tout ce monde me déplaît.

GISELLE

Par sa sottise?

JACQUES

Surtout par sa méchanceté !

GISELLE

Comment cela?...

JACQUES, *geste évasif.*

N'en parlons pas.

GISELLE

Mon cher Jacques!... Auriez-vous à vous
plaindre de quelqu'un ici ?

JACQUES

Si cela est, comptez sur moi pour y mettre
bon ordre.

GISELLE

C'est donc entre eux que ces loups se mor-
dent et s'égratignent ?

JACQUES

Ils le pourraient faire : je n'en serais pas
affecté.

GISELLE

Est-ce moi, alors, qui suis l'objet de railleries ? Nous n'avons à nous en préoccuper, il me semble.

JACQUES

Vous avez raison... Laissons-les dire, et aimons-nous... Lorsque j'ai refermé cette porte sur le monde extérieur, je retrouve toute la paix de mon bonheur. Mais, mon Dieu, qu'il est donc des âmes vilaines !... (*Long silence.*)

GISELLE, *avec un certain éclat.*

Mon ami. Savez-vous ce que nous devrions faire ? Nous devrions partir d'ici.

JACQUES

Pourquoi ?

GISELLE

Vous vous rappelez, nous avions pensé, pendant un moment, à nous retirer tous deux dans un coin de campagne...

JACQUES

Nous n'aurions pas de quoi y vivre.

GISELLE

Alors, avec la pratique que vous avez acquise, ne pourriez-vous pas trouver un autre poste dans lequel vous auriez plus d'indépendance ?

JACQUES

Personne ne consentirait à m'offrir une situation analogue.

GISELLE

Pourquoi donc ?

JACQUES

Saffre m'a témoigné d'emblée une confiance que je n'aurais trouvée nulle autre part.

GISELLE

Vous n'en savez rien.

JACQUES

J'ai même été quelque peu gêné de le voir estimer si haut un concours dont il ne pouvait connaître les qualités possibles...

GISELLE

Qu'allez-vous chercher là ?

JACQUES

Il faut bien le reconnaître, il est extraordinaire...

GISELLE

Extraordinaire ?

JACQUES

Il est extraordinaire que Salfre m'ait accordé
cette confiance qu'il ne prodigue pas.

GISELLE

Vous êtes d'un monde qui ne peut que lui
imposer le respect.

JACQUES

Ne vous y trompez pas. Il professe à l'égard
des gens de notre classe, lorsqu'il s'agit d'affaires, des sentiments qui le porteraient plutôt
à les éloigner de lui... Et même...

GISELLE, *vaguement inquiète, mais se dominant.*

Et même ?

JACQUES

Et même si je rapporte ces réflexions à une parole qui m'a été dite tout à l'heure...

GISELLE

Quelle parole ?

JACQUES, *avec tendresse.*

Giselle !

GISELLE

Jacques, mon Jacques !

JACQUES, *la prenant dans ses bras.*

N'est-ce pas, ma chère femme, que tu es au-dessus de toute calomnie ? N'est-ce pas que tu es droite et loyale et que tu ne me mentirais pas par tes paroles, par tes baisers ?...

GISELLE, *avec ardeur*.

Jacques ! Jacques ! Partons ! Partons ! A tout prix, partons d'ici !...

JACQUES, *se détachant*.

Pourquoi ?

GISELLE

Tu y es trop malheureux !

JACQUES

Non...

GISELLE

Et moi aussi, j'y suis trop malheureuse !

JACQUES

Parce qu'aujourd'hui...

GISELLE

Ce n'est pas d'aujourd'hui.

JACQUES, *après un silence*.

Je ne trouve qu'une explication à vos

plaintes, c'est que quelqu'un ici vous importune par ses assiduités.

GISELLE

Qui donc, mon Dieu ?

JACQUES

Saffre, par exemple.

GISELLE

Saffre !... Saffre !... Quelle folie !...

JACQUES

Ne vous défendez pas : je ne vous accuse pas.

GISELLE

Mais si...

JACQUES

Saffre pourrait vous poursuivre de ses galanteries sans que vous méritiez aucun reproche... Et cela, d'ailleurs, justifierait notre départ, et même expliquerait le crédit qu'il m'a accordé… (*Bas.*) et l'injure qui, tout à l'heure, m'a été jetée au visage. (*Il réfléchit, changeant de ton.*) J'ai été surpris, en arrivant, de ne pas le trouver auprès de vous.

GISELLE, *contenant son angoisse.*

Qu'est-ce que vous voulez dire ?

JACQUES

On m'avait donné à penser qu'il était ici. (*Avec une légèreté apparente.*) Il n'est pas venu vous voir, aujourd'hui ?

GISELLE, *de même.*

Non… Mais non…

JACQUES

Cela n'aurait rien qui puisse étonner. Rien ne serait plus naturel…

GISELLE

Évidemment… Mais je ne l'ai pas vu… (*Entre la femme de chambre. Elle pose un plateau sur un meuble bas auprès de Giselle.*)

LA FEMME DE CHAMBRE

J'avais oublié de dire à madame que M. le baron avait envoyé prendre des nouvelles de madame.

GISELLE

C'est bien.

JACQUES

Vous avez dit que madame ne descendrait pas pour dîner ?

LA FEMME DE CHAMBRE

J'ai répondu que l'état de madame était le même que ce matin, lorsque M. le baron est venu voir madame. (*Elle continue son arrangement. Giselle, affolée, fixe avec des yeux d'épouvante Jacques qui la tient sous son regard. Cela dure jusqu'à la sortie de la femme de chambre, qui ne s'aperçoit de rien, et longtemps encore après son départ.*)

JACQUES

Ainsi le baron Saffre est venu ?

GISELLE

Oui...

JACQUES

Pourquoi l'avez-vous nié ?

GISELLE

Vous m'aviez troublée par vos soupçons...

JACQUES

Vous m'avez menti...

GISELLE

Par peur de vous voir mal interpréter cette visite toute naturelle...

JACQUES

Qu'est-il venu faire...?

GISELLE

Mais... je ne... vous... Je l'ai prié de ne plus revenir.

JACQUES

C'est donc vrai, alors ?

GISELLE

Quoi ?

JACQUES

Qu'il vous importune.

GISELLE

Oui.

JACQUES

Pourquoi ne me l'avez-vous pas dit ?

GISELLE

Je ne sais pas.

JACQUES

Cela dure depuis longtemps ?

GISELLE

Oui.

JACQUES

Depuis quand ?

GISELLE

A quoi bon me tourmenter !...

JACQUES

Depuis que nous sommes ici ? Non. Cela a commencé plus tôt, n'est-ce pas ?... Peut-être le jour même où il m'a pris avec lui... Avant encore ?... Mais parlez !... Vous n'êtes pas responsable de ce qu'il a pu faire... Seulement, le mieux à présent, croyez-moi, c'est de tout me dire... C'est depuis cette fête, sans doute.

GISELLE

Oui... Il est venu ensuite chez nous, à Paris, en votre absence. J'ai dû le chasser.

JACQUES

Pourquoi l'avez-vous reçu ?

GISELLE

J'ai eu peur de sa haine.

JACQUES

Sa haine ?... En quoi pouviez-vous la redouter ?

GISELLE

Tu étais à la veille de partir pour le bout du monde. Il était en son pouvoir de t'empêcher d'aller là-bas, à la mort. Je l'ai supplié de faire que tu ne partes pas...

JACQUES

Il vous a exaucée sans rien exiger de vous ?

GISELLE

Je te jure, Jacques !

JACQUES

Je sens que vous ne me dites pas la vérité.

GISELLE

Mais si ! Mais si !... Oh ! Jacques ! tu vas faire notre malheur !... Je l'ai chassé, je le jure... Il avait pris d'abord le masque de l'amitié. C'est pourquoi, je l'ai écouté. Puis, quand j'ai été détrompée, je l'ai chassé ! Je te le jure, ce jour-là, je l'ai chassé !

JACQUES

Ce jour-là !

GISELLE

Oh ! mon ami, tu me tortures !

JACQUES

Ce jour-là, mais après ?

GISELLE

Rappelle-toi... Cette affaire que t'avaient apportée les amis du prince, cette affaire, il l'avait repoussée... Alors, tu partais, tu partais pour ces pays meurtriers, tu allais t'offrir à des dangers que je savais mortels... Oui, j'avais lu dans tes livres... Jacques, tu partais et tu me laissais seule !... C'est parce que tu es un homme qu'il te paraissait possible, tout naturel même, de m'abandonner pour aller remplir vaillamment ton devoir d'honneur. D'avance, on a convenu que chez les hommes, l'honneur passe avant tout. L'amour n'a rien à réclamer contre... Eh bien, moi, je suis une femme.

J'étais celle qui t'adorait... Ah! Jacques, crois-
moi! je suis celle qui t'adore... Tu pouvais
tout me proposer, oui, d'aller tous deux nous
terrer n'importe où, d'essayer de faire n'importe quoi, ou de mourir en même temps.
C'était accepté, approuvé, mais avec toi, avec
toi!... Toujours ensemble!...

JACQUES

Mais écoute-toi donc parler! Chacune de
tes paroles te trahit, te dénonce!... Pour rester avec moi, tu t'es vendue à lui!

GISELLE

Non! Non! Ne le crois pas! Ne le crois pas!

JACQUES

Je connais l'homme... Si vous l'aviez repoussé, nous ne serions pas ici. Vous avez été
sa maîtresse...

GISELLE

Sa maîtresse... mon Dieu! Que va-t-il dire

là !... Sa maîtresse !... Jacques, j'ai été sa victime...

JACQUES, *la terrassant.*

Malheureuse ! Vous avouez !...

GISELLE, *dans de grands sanglots.*

Sa victime ! Sa victime ! Sa victime !

JACQUES

Toi !... Cet homme... Tu as été à lui, comme à moi !... Il t'a eue comme je t'avais, comme je t'ai eue !... (*Avec des trépignements.*) Lui !... Lui !... Comme moi !... comme moi !... (*Il revient sur Giselle agenouillée et sanglotante et la saisissant par les cheveux.*) Vous savez ce que mérite une femme comme vous ?

GISELLE

Oui, tu peux me tuer... maintenant, je suis délivrée ! Je n'ai qu'une chose à te répondre, c'est que je respire puisque je ne te mens plus !... Je t'aime !...

JACQUES

Taisez-vous.

GISELLE, *embrassant les mains qui la
tiennent.*

Je t'aime! Je t'aime ! Sa maîtresse !... Il ne
faut pas que tu dises cela ! Jacques, tu sais
bien que ce n'est pas vrai : n'est-ce pas ?...

JACQUES

Allez-vous prétendre qu'il vous ait fait violence ?

GISELLE

Ah ! Tu railles, et c'est pourtant ce qui s'est
passé, je te le jure !

JACQUES

Mais vous lui avez donc pardonné?... Ce
matin, il était là. Il était là !

GISELLE

Oui, pour me supplier... Moi, je ne pouvais
plus... Je l'ai chassé... Je dis cela, ce n'est

pas pour que tu me pardonnes, c'est pour
que tu saches...

JACQUES

Soit... Mais l'autre jour, encore, il m'a sem-
blé que vous supportiez assez facilement sa
compagnie ?

GISELLE

Ah ! bourreau ! Tu sens bien que je n'ai plus
pour toi que de la vérité dans mon cœur d'a-
mour. Va, arrache-la tout entière avec ma
vie, si tu veux d'un seul coup !

JACQUES

Après avoir été, dites-vous, violentée, n'a-
vez-vous plus jamais cédé à ce bandit, oui ou
non ?

GISELLE

Je l'ai toujours exécré, repoussé, accablé
d'injures !

JACQUES

Et il s'est satisfait de cela ?

GISELLE

Oh ! non ! Mon Dieu ! Mon Dieu !... Écoute !
Jacques ! Après le jour où il m'a eue brisée,
ce n'a pas été tout... Oui, ses ordres sont
bientôt revenus me chercher, me forcer dans
la honte où il me semblait que j'étais morte !
Et j'ai reconnu que j'étais toujours là pour
souffrir, pour agoniser encore, et, une fois
de plus, expirer d'infamie ! Si tu savais !...
pour me contraindre à de nouvelles capitula-
tions, il a imaginé d'affecter à ton égard des
airs désappointés ou mécontents. Il a paru me-
nacer ta sécurité renaissante, ton avenir pré-
caire, et, dans une effroyable habileté, il te
renvoyait à moi tout désorienté, effaré de te
croire insuffisant à ta tâche, rongé d'inquiétude, usé d'espoir. Alors, tu rentrais en repar-
lant de suicide. Hélas ! c'est de toi qu'il a su
faire son avocat inconscient. Moi, je ne pouvais supporter de te voir revenir chaque jour
plus maltraité, plus dégradé, plus lamentable.

JACQUES

Comment avez-vous fait cela!... Comment avez-vous pu le faire !...

GISELLE

Je ne mérite pas de grâce!... Tout ce que l'on m'a enseigné dans la vie, tout ce que j'y ai compris me prouve qu'il n'y a pas d'action plus impardonnable, d'offense plus atroce que celle dont tu me demandes compte... Et cependant quelque chose proteste en moi contre ton jugement et le jugement de tous, oui, quelque chose qui se révolte et qui voudrait crier pour ma défense !

JACQUES

Rien ne peut vous défendre ! Rien ne peut vous excuser !

GISELLE

Mais comprends donc ! Ce qui était au-dessus de mes forces, ce n'était pas d'être une épouse coupable, ce n'était pas de te mentir

chaque jour, ni de me souiller ignoblement à
mes propres yeux!... Ce n'était pas non plus
de prévoir que je deviendrais l'objet de ton
dégoût. Non! la seule impossibilité pour moi,
c'était de ne pas te garder, de ne plus t'avoir là
constamment, près de moi, à moi! (*Pendant
ce qui précède elle s'est traînée sur les genoux, avançant vers Jacques, qui, pris enfin
de pitié, la relève, et fond en larmes. Giselle
le voyant pleurer.*) Tu pleures ?... Ah! Voilà
ce que j'ai mérité... C'était le seul châtiment
qui pouvait m'atteindre et me trouver sans courage! (*Elle tombe sur la chaise longue. Jacques sèche ses yeux. D'une voix mourante.*)
J'ai soif... J'ai soif. (*Il va lui porter un verre
d'eau. Comme elle ne peut le boire, tant elle
tremble, il lui tient le verre comme à un enfant.*) Merci... je n'en puis plus!... J'ai froid...
(*Elle grelotte de fièvre et s'allonge.*) J'ai
froid... (*Il ramène sur elle une couverture.
Elle pleure doucement.*) Comme tu es bon...
Je suis mieux... (*Silence. Jacques est assis
sur une chaise à côté d'elle. Tout à coup il*

se lève, et, avec une apparence de calme :)

JACQUES

Allons !

GISELLE

Oh ! ne m'abandonne pas ! Garde-moi ! (*Elle
veut le prendre par le cou.*)

JACQUES

Ne vous préoccupez point de cela.

GISELLE, *se redressant.*

Que vas-tu faire ?

JACQUES

Chercher le baron Saffre !...

GISELLE

Jacques !... Quel projet as-tu donc ?

JACQUES, *simplement.*

Je vais le tuer.

GISELLE, *debout.*

Non ! non ! ne l'affronte pas ! C'est un être épouvantable contre lequel tu ne pourras rien !... Il réussira à faire retomber le malheur sur toi.

JACQUES

Quand on a dans le cœur tout ce que j'ai pour me soutenir, on est toujours le plus fort !... Je vais lui sauter à la gorge, lui arracher la langue, lui crever les yeux, lui écraser la tête sous mes talons !

GISELLE, *éperdue, avec un cri, se jetant
dans les bras de son mari.*

Ah ! Oui ! Jacques, tue-le !

RIDEAU

ACTE CINQUIÈME

ACTE CINQUIÈME

Décor du troisième acte.
Le soir, lampes allumées.

SCÈNE PREMIÈRE

LA BARONNE, GROMMELAIN, *puis* MARIE-BLANCHE

LA BARONNE

Enfin ! voici les dépêches envoyées, et les
mesures prises. C'est grâce à vous, merci. Ah!
mon ami ! ma santé est au-dessous de pareilles épreuves.

GROMMELAIN

Espérons que...

LA BARONNE

Le mal est peut-être déjà fait en moi, mon cher ami ! Enfin ! Mais laissez-moi, dans ces moments si cruels où nous sommes, vous conjurer d'être indulgent, de renoncer, pendant qu'il est temps encore, à votre projet de rupture avec ma fille.

GROMMELAIN

Je vous en prie...

LA BARONNE

C'est moi qui vous en prie et qui insiste pour que vous m'écoutiez... Une raison majeure, à laquelle vous n'avez sans doute pas réfléchi, doit vous dicter votre conduite, c'est l'intérêt de vos enfants.

GROMMELAIN

Madame, mes enfants n'ont rien à perdre à ne pas être élevés par leur mère.

LA BARONNE

A l'heure actuelle, l'héritage de tout ce que votre femme possède leur est garanti par votre

régime dotal... Qu'en adviendra-t-il si le mariage entre vous est détruit ?

GROMMELAIN

La séparation de corps, que je demande, ne
modifie pas le principe d'inaliénabilité.

LA BARONNE

Soit. Mais dans trois ans, qu'est-ce qui empêchera Marie-Blanche de réclamer et probablement d'obtenir le divorce?... Alors, elle
recouvrerait la libre disposition de ses biens...
Prévoyez-vous qu'elle en ferait un usage très
raisonnable ?

GROMMELAIN

J'admire comme vous discernez avec compétence les probabilités...

LA BARONNE

J'ai employé à méditer sur toutes ces choses
les trente-cinq années d'apparente annihilation
en ménage que j'ai passées dans le silence, la
rêverie et mes airs distraits.

GROMMELAIN

Vous en serez quitte pour faire donner un conseil judiciaire à votre fille.

LA BARONNE

Ah ! mon ami, devine-t-on jamais l'instant où il serait opportun d'agir ?... Non, non ! n'entre-bâillez point, au hasard, à l'incertain, à l'inconnu, la porte qui renferme si bien la fortune de votre femme. Je ne tarderai point à mourir, certainement. Aussitôt, Marie-Blanche peut avoir la tête grisée, être poussée à je ne sais quelle insanité par la part de succession qui lui serait échue... la part encore très notable qui, je puis vous l'affirmer, lui reviendra de moi, et, sur le portefeuille, j'entends bien rattraper le reste de mon dû !... Certes, cela est bien médiocre auprès des revenus qui roulaient dans la maison... Mais c'est encore de quoi pouvoir, le plus souvent possible, être bonne aux siens... Pourquoi n'emmèneriez-vous pas votre femme, hors de la vie de Paris, se reposer quelque temps dans

un air sain à l'abri de toute occasion d'égarement ?

GROMMELAIN

Avec ça qu'elle se supporterait une seule
journée, dans ces conditions-là, à la campagne !

LA BARONNE

Je la sais au contraire très disposée à cette
décision. Elle ne peut avoir envie que de s'ef-
facer, de se retirer un peu de la grande vie
élégante, à la suite de tout ce qui vient de
l'assaillir... comme femme, comme fille... Sa
situation mondaine est devenue très embarras-
sante, au moins momentanément... S'en aller
de la sorte lui paraîtra très comme il faut...
Vous n'avez qu'à vous installer, avec elle, ici
même.

GROMMELAIN

Mais les Brehant s'y considèrent comme chez
eux, tant que ce ne sera pas vendu !

LA BARONNE

Non pas !... Je reprends directement ce do-

16.

maine. Je vous offre, pour vous et votre femme, la jouissance... complète... de toute cette terre.

GROMMELAIN

Ce que vous m'avez signalé à l'égard de mes enfants mérite que je l'examine... En effet, je n'ai pas le droit de causer aucun tort à ces pauvres gamins... Je réfléchirai.

LA BARONNE, *se levant.*

Ah ! mon ami, puisque votre rigueur a commencé de s'adoucir, n'ajournez pas votre décision... Soyez tout de suite conciliant jusqu'au bout... Votre femme est ici, à côté... Concédez-moi de vous l'amener ; et faites qu'au moins, parmi les infortunes qui me frappent, j'aie la vue réconfortante d'une paix rétablie entre vous deux. (*Elle est allée ouvrir la porte de sa chambre, et fait entrer Marie-Blanche.*) Allons!... donnez-vous la main. (*Grommelain et Marie-Blanche s'effleurent le bout des doigts.*) C'est bien. Je vous remercie. Je vous remercie tous les deux... Va, Marie-Blanche...

(*Elle la fait ressortir.*) C'est bien... Tu apprécieras la noble conduite de ton mari... Va, ma fille. (*A Grommelain.*) Ne m'abandonnez pas, maintenant. (*Entre Brehant.*)

BREHANT

Ma chère mère...

LA BARONNE

Voulez-vous me permettre de dire encore deux mots à votre beau-frère ?

BREHANT

Je vous en prie.

LA BARONNE, *bas à Grommelain.*

Il conviendrait peut-être de le mettre à peu près au courant... Voulez-vous vous en charger ?

GROMMELAIN

Avec plaisir.

LA BARONNE, à *Brehant.*

Excusez-moi, mon cher Olivier. A moins que

vous n'ayez des choses fort importantes à me dire...

BREHANT

Je venais simplement vous mettre au courant, au sujet de la chasse...

LA BARONNE

Je vous demande la permission de monter chez moi. J'aurai juste assez de forces pour arriver jusqu'à ma chambre.

BREHANT

Bonsoir, maman.

SCÈNE II

GROMMELAIN, BREHANT. *Grommelain est très joyeux. Il se contient à peine.*

BREHANT

C'est vous que je cherchais, mon cher ami. Voyons, dites-moi bien franchement, bien sincèrement ce que l'on va penser de moi.

GROMMELAIN

A quel propos ?

BREHANT

Au sujet de la biche.

GROMMELAIN

Quelle biche ? Je ne suis au courant de rien.

BREHANT

J'ai découplé sur une biche.

GROMMELAIN

Vous avez...

BREHANT

Oui.

GROMMELAIN

On le sait ?

BREHANT

Dame !...

GROMMELAIN

Diable !...

BREHANT

C'est grave ?

GROMMELAIN

Un peu...

BREHANT

Pour le Rallye-Club ?

GROMMELAIN

Pour le Rallye-Club, c'est plutôt fâcheux,
en effet.

BREHANT

Tout le monde s'y serait trompé.

GROMMELAIN

Diable !... Diable !... Mais j'ai entendu dire
qu'on préparait une curée aux flambeaux.

BREHANT

C'est une autre bête.

GROMMELAIN

Un dix-cors ?

BREHANT

Une quatrième tête.

GROMMELAIN

Ce n'est pas fameux. Enfin ! que voulez-

vous, il faut vous résigner... Croyez que je
prends bien part...

BREHANT

Merci. Est-ce que vous pourriez me dire où
est le baron?

GROMMELAIN

Il est en ce moment-ci, vous le savez sans
doute, fort préoccupé et après sa conversation
avec son fils Arthur il est allé en forêt, comme
il le fait souvent, chercher dans la marche un
dérivatif à ses ennuis et une excitation pour
ses pensées.

BREHANT

Puisque je ne puis le voir, c'est à vous que
je vais demander un conseil.

GROMMELAIN

Je suis tout à votre disposition.

BREHANT

J'ai peur de faire des gaffes.

GROMMELAIN

Peur salutaire et tardive.

BREHANT

Je fais appel à votre expérience, à votre amitié.

GROMMELAIN

Parlez.

BREHANT

A qui dois-je attribuer les honneurs du pied ? A la comtesse, n'est-ce pas ?

GROMMELAIN

Non, elle est trop de la famille.

BREHANT

A madame d'Exireuil ?

GROMMELAIN

Aussi... Et puis elle est dans sa chambre... Pourquoi pas à la princesse ?

BREHANT

C'est cela. Merci. Voilà un bon avis. J'ai disposé les choses ainsi : les débris du cerf

couverts de la nappe comme il convient... Tenez, voulez-vous venir voir !... (*Il va à la fenêtre qu'il ouvre et donne à Grommelain les
indications.*) Ici, n'est-ce pas ? Les trompes,
là. Les chiens là-bas. Les invités, ici. Est-ce
bien ?

GROMMELAIN

C'est très bien.

BREHANT

Merci.

GROMMELAIN

... Sur une biche !

BREHANT, *il le regarde anxieux.*

Sur une biche.

GROMMELAIN

On a bien raison de dire qu'un malheur
n'arrive jamais seul.

BREHANT

J'ai commis une autre erreur ?

17

GROMMELAIN

Je ne sais pas. Mais le baron en a commis
une.

BREHANT

Qu'y a-t-il donc? Je viens de voir rentrer
Arthur tout ému. Il est reparti pour Paris
subitement.

GROMMELAIN

Tentative désespérée.

BREHANT

Comment?

GROMMELAIN

Et inutile.

BREHANT

Alors, les bruits qui courent'

GROMMELAIN

Au-dessous de la vérité.

BREHANT

Le baron...

GROMMELAIN

Ruiné. . Définitivement.

BREHANT

Mais alors, moi aussi !

GROMMELAIN

Mon Dieu ! oui!

BREHANT

Vous aussi !

GROMMELAIN

Moins.

BREHANT

Oui, vous avez hérité ; vous! (*Avec amer-tume.*) Voilà, quand on a des parents riches on a toujours de la ressource.

GROMMELAIN

Ne vous frappez pas. Vous avez à Paris une belle installation que vous pourrez peut-être conserver.

BREHANT

Je resterai à la campagne.

GROMMELAIN

Ici ?

BREHANT

Ici.

GROMMELAIN

L'ennui, c'est que Ozerpie appartient à la baronne qui en a disposé pour sa fille Marie-Blanche dont les nerfs ont besoin du calme des champs. (*Long silence.*)

BREHANT, *éclatant.*

Alors, voilà ma récompense, à moi ? Voilà à quoi m'auront servi dix années d'héroïsme conjugal, de fidélité ridicule et d'obéissance !

GROMMELAIN

Plaignez-vous ! Vous avez une femme qui vous adore, d'une façon un peu exclusive peut-être, en effet, mais enfin qui vous adore, et vous êtes père d'une nombreuse famille.

BREHANT

Voulez-vous que je vous dise ? Eh bien, dans

tout ça, je suis une dupe... Enfin, est-ce que j'aurais épousé Julienne...

GROMMELAIN, *hautain*.

Méfiez-vous, mon cher beau-frère. Dans votre mécontentement bien légitime, vous allez vous accuser vous-même de sentiments que vous n'éprouvez certainement pas, et de calculs vilains. Nous restons parents, pensez-y, et n'oubliez pas qu'en vous calomniant trop, vous nous affligeriez tous. (*Changeant de ton.*) N'oubliez pas surtout que vous êtes maître d'équipage. (*Entre Saffre, défait, gris de poussière, une grosse serviette bourrée de papiers sous le bras.*)

SAFFRE

Est-ce qu'ici non plus je ne pourrai être seul? Chez moi, c'est la baronne qui me harcèle... ici...

GROMMELAIN

Nous allons vous laisser.

17.

BREHANT

Mais n'avez-vous besoin de rien ?...

SAFFRE

De rien...

GROMMELAIN

On pourrait vous envoyer votre valet de chambre...

SAFFRE

Ça vous gêne, un grain de poussière sur mon vêtement. J'ai marché et puis j'ai fait un faux pas et je suis tombé... puisqu'il faut que je me justifie. Enfin, je vous prie de me laisser tranquille. Allez à vos affaires et laissez-moi aux miennes.

GROMMELAIN

Comme il vous plaira. (*Il sort avec Bréhant.*)

SCÈNE III

SAFFRE, *puis* LA BARONNE. *Saffre, seul, sort ses papiers, essaye de travailler et s'absorbe dans de profondes réflexions.*

SAFFRE, à *lui-même.*

Alors, quoi?... la faillite?... Le suicide ? (*Entendant un mouvement de la baronne qui entre.*) Qui est là?

LA BARONNE

C'est moi. Dans quel état êtes-vous !...

SAFFRE

Oui. J'ai marché dans la forêt. Ne parlons pas de cela. (*Nerveux.*) Je vous dis que je ne veux pas qu'on parle de cela. (*Exaltation maladive.*) Et qu'on me laisse tranquille!... Qu'on me laisse tranquille ! J'en ai donné l'ordre. Je veux être obéi. (*Subitement calmé.*) Puisque

17*

vous êtes là, j'ai à vous entretenir d'affaires et
à vous demander une ou deux signatures.

LA BARONNE

Moi aussi, j'ai à vous parler d'affaires. J'aurais été d'une légèreté impardonnable si je ne
m'étais pas émue de ce qui avait pu survenir
de grave dans notre situation. Et maintenant,
moi, je le sais.

SAFFRE

Qu'est-ce que vous savez, vous ?

LA BARONNE

S'il vous plaît, causons en toute sincérité...
Du reste, je n'ai pas à vous soumettre mes
reproches contre vous ; ce sont les vôtres
contre moi que je veux prévenir.

SAFFRE

Que voulez-vous dire ?

LA BARONNE

Il s'agit de votre situation financière. On
m'a appris qu'elle était désespérée...

SAFFRE

Jamais ma position sur tous les points n'a été meilleure qu'en ce moment.

LA BARONNE

Non. Vous êtes à bout !... Dès que l'on m'a eu mise sur mes gardes, j'ai télégraphié, donné des ordres !

SAFFRE

... des ordres !...

LA BARONNE

Je suis mère de famille ; pouvais-je rester les bras croisés ?

SAFFRE

Ne vous ingérez pas en tout cela !... Si vous voulez que nous restions bons amis, veillez à ne plus remuer, à ne vous risquer dans rien.

LA BARONNE

J'ai pourtant à obtenir ma séparation de biens.

SAFFRE, *formidable.*

Oh !... Vous n'oseriez pas commettre cette infamie ?

LA BARONNE

Si.

SAFFRE

Malheureuse !... La séparation de biens,
voilà ce qui serait l'acte le plus funeste !...
Mais pensez donc !... Quel est le financier dont
la fortune résisterait à une pareille déconsidé-
ration, à un si brutal arrêt dans ses opérations ?... Non, non !... Vous ne commettrez
pas contre moi un crime qui ne serait pas
moins néfaste vis-à-vis de vous-même. Vous
ne sauriez prendre non plus cette responsa-
bilité à l'égard de vos enfants, dont vous auriez détruit l'avenir, sous prétexte de l'assurer !

LA BARONNE

En fait d'avenir, nous n'en avons plus d'autre que ce que je pourrai personnellement
réaliser dans ce qui me reste encore.

SAFFRE

Ah ! Je ne vous laisserai pas m'égorger de

la sorte ! Et puis, c'est trop bête ! Ah ! Ça !
Qu'est-ce que vous compteriez retirer de là ?

LA BARONNE

Les trois millions cinq cent mille francs que
vous avez reçus de moi en nous mariant et les
autres sommes que mes héritages m'ont successivement constituées.

SAFFRE

Et ce sont ces misères-là que vous chiffrez,
quand il s'agit, entre nous deux, d'une com-
munauté de quatre cents millions peut-être.

LA BARONNE

Mais puisque tout cela est perdu...

SAFFRE

Non pas !... Mon argent est dans la mêlée
pour en ressortir au moins doublé !... Ne
m'arrêtez pas au cours de mon œuvre ; laissez-
moi brasser de toutes mes forces là-dedans !
N'est-ce pas moi seul qui ai bien su gagner les
neuf dixièmes de ce capital énorme, rien
qu'avec ce que vous m'avez apporté, joint à la

succession de mes parents ?... Est-ce qu'il ne m'a pas fallu, pour ça, être un fameux débrouillard ?... Voyez-vous, on est le premier homme du monde, quand on a cette tête. (*Il se frappe le front à coups répétés.*) Est-ce que vous savez ce qui se passera d'ici à la liquidation... Quel événement inattendu ?... Et si les vendeurs sont forcés de se racheter ?... Ah ! alors, c'est cinq cents millions, c'est un milliard que je ramasse... Vous ne dites plus rien... Vous comprenez. Vous la voyez possible, la victoire, et d'autant plus éclatante qu'on m'aura cru plus près de ma ruine... Oui, un milliard, deux milliards ! Après, il n'y a plus de limites, parce que je serai le maître du marché, et les autres, ils n'auront plus qu'à suivre mon char triomphal... tri... tri... triomphal... Alors, après. (*S'apaisant tout à coup.*) Qu'est-ce que je disais... (*Il reste les yeux stupides.*)

LA BARONNE

Je dois vous prévenir que ma demande est déjà formée...

SAFFRE, *hébété, long à comprendre.*

Hein ? (*Il marche vers elle.*) Vous vous êtes permis cela ? Sans mon assentiment ?... Vous allez, à la minute même, écrire à votre avoué de ne donner aucune suite à cette lubie de femme malade...

LA BARONNE, *tremblante.*

C'est que... la loi exige l'affichage de la demande... Il est trop tard. (*Saffre lève les bras comme pour écraser sa femme. Ses forces le trahissent. Il s'appuie des deux mains sur une table.*)

SAFFRE

Vous ne savez pas ce que vous avez fait !... Vous m'infligez plus que ma ruine !... J'aurais pu me retourner avec un peu de temps... Comme ça, c'est la faillite... la banqueroute... Vous... dont je ne me méfiais pas... vous m'avez abattu. (*Le masque redevenu tout à coup immobile.*) Mais pourquoi avoir fait cela sans me consulter ?... Plaît-il ?... Quoi ?... Ah ça ! me le diras-tu un peu, ma canaille ?...

LA BARONNE, *terrifiée, à mi-voix*
en se sauvant.

J'avais trop peur de vous. (*Elle sort.*)

SCÈNE IV

SAFFRE, *seul.*

SAFFRE

... L'accaparement, il y a des lois contre cela, il y a des lois contre tous ceux qui sont à terre !... Alors, il me faudra donc aller en prison. (*Un grand éclat de rire.*) Ha ! ha ! ha ! Le baron Saffre ! en prison !... Elle est bien bonne !... Je ne vais pas me laisser noyer comme ça, moi. Qu'est-ce qu'il y a ? On sonne les cloches ? Non, ce sont ces bourdonnements. Allons, vieille caboche, travaille ! Il faut trouver une combinaison hardie, profonde, victorieuse. (*Il fait un faux pas.*) Quoi ?

J'ai le vertige maintenant. Ce sont sans doute ces lumières qui me font mal aux yeux. (*Il tourne les boutons d'électricité et ne laisse briller qu'une lampe sur une table, près de laquelle il vient s'asseoir.*) Il faut, quand ma tête en devrait éclater, que je ramasse toutes mes énergies, toute mon intelligence dans un grand effort. Si je ne trouve rien, c'est la correctionnelle. Oui, je vais m'entretenir dans cette idée, pour me forcer à trouver quelque chose. C'est la correctionnelle ! la correctionnelle ! (*Silence.*) Rien. Il ne me vient rien, aucune idée, j'ai le cerveau vide. Ah ! la sale machine humaine qui se détraque ! (*Debout avec des cris.*) Ah ! ah ! Mais c'est effroyable ! (*Se frappant la tête de ses poings.*) Il n'y a donc plus rien là-dedans ! (*Halluciné.*) Hasparsheim ! Elioboth ! qu'est-ce que vous venez faire ici ? Pourquoi les a-t-on laissés entrer ? Vous venez me voir écrouler ! Et voici tous les autres, les banquiers que j'ai tenus sous mes talons, les voici, ils triomphent, ils allongent leurs mains crispées. Trop tôt ! je vous dis.

Trop tôt pour la curée ! (*Sous les fenêtres éclairées par la lueur des torches, éclatent les fanfares de chasse, les aboiements de chiens, les cris des piqueurs.*) Les brutes ! Voulez-vous vous taire ! Voulez-vous vous taire ! (*Il va à la fenêtre, l'ouvre. Le bruit couvre sa voix.*) Ils la sonnent, la curée ! Ce sont les miens qui la sonnent, la curée ! Ah ! ah ! A moi ! J'étouffe ! Ah ! Est-ce qu'on va me laisser crever comme ça ? A moi ! J'étouffe ! Ah ! (*Il traverse la scène avec des gestes et des cris de damné. Il arrache le col de sa chemise et respire bruyamment, les yeux hors de la tête, puis il vient s'abattre sur la cheminée le bras étendu vers la sonnette. Les fanfares continuent. Après un moment, entre Jacques. Saffre se redresse, sans le reconnaître.*)

SCÈNE V

JACQUES, SAFFRE

JACQUES, *voyant Saffre.*

Enfin! (*Il va fermer la fenêtre et vient
vers le baron. Les fanfares continuent, atté-
nuées jusqu'au baisser du rideau.*) Vous
avez fait de moi le plus malheureux des
hommes!... Par la corruption de votre argent, vous avez torturé, vous avez forcé à
l'avilissement la femme que j'aimais. Je viens
vous tuer. (*Saffre ne répond pas. Jacques
s'approche de lui.*) Mais parlez! parlez donc!
(*Il lui met la main sur l'épaule. Saffre
s'écroule dans un fauteuil. Jacques, d'ins-*

tinct, se recule avec un cri d'effroi.) Il va mourir! Il meurt! (*Il le saisit à la gorge.*) Ah! pas avant que je t'aie crié ma haine! Pas avant que je t'aie fait sentir tout le mal que tu m'as fait. (*Il le secoue.*) Bandit! (*Le cadavre de Saffre glisse à terre. Jacques, le regardant :*) Il n'a pas souffert!...

RIDEAU

EMILE COLIN, IMPRIMERIE DE LAGNY (S.-&-M.)

EN VENTE CHEZ LE MÊME ÉDITEU[R]

(Format grand in-18 jésus)

COMÉDIES ET COMÉDIES-VAUDEVILLES NOUVELLES

fr. c.

Georges ANCEY

L'Avenir, 3 actes . . . 2 »
La Dupe, 5 actes . . . 2 »
Grand'Mère, 3 actes . . 2 »
Les Inséparables, 3 ac. 2 »
Monsieur Lamblin, 1 a. 1 50

Henry BAUER

Sa Maîtresse, 4 actes . . 2 »

Henry BECQUE

Les Corbeaux, 4 actes . 2 »
Les Honnêtes Femmes,
1 acte 1 50
Michel Pauper, 5 act . . 2 »
La Navette, 1 acte . . . 1 50

Paul BILHAUD et Maurice HENNEQUIN

Les Dragées d'Hercule,
3 actes . . . . 2 »
M'amour, 3 actes . . . 2 »
Nelly Rozier, 3 actes . 2 »

Alexandre BISSON

Le Bon Juge, 3 actes . 2 »
Le Bon Moyen, 3 actes . 2 »
Château Historique, 3 a. 2 »
Un Conseil judiciaire,
3 actes . . . . 2 »
Le Contrôleur des Wa-
gons-lits, 3 actes . . 2 »
Un Coup de tête, 3 act. 2 »
Le Député de Bombi-
gnac, 3 actes . . . . 2 »
Disparu ! ! !, 3 actes . . 2 »
Docteur !, 1 acte . . . 1 50
Les Erreurs du mariage,
3 actes . . . . 2 »
La Famille Pont-Biquet,
3 actes . . . . 2 »
Feu Toupinel, 3 actes . 2 »
La Gymnastique en
chambre, 1 acte . . . 1 50
L'héroïque Le Cardu-
nois, 3 actes . . . . 2 »
Jalouse ! 3 actes . . . . 2 »
Les Joies de la pater-
nité, 3 actes . . . . 2 »
Mam'zelle Pioupiou, 5 a. 2 »
Monsieur le Directeur,
3 actes . . . . 2 »
Mouton ! 1 acte 1 50
Nos Jolies Fraudeuses,
3 actes . . . . 2 »
Le Roi Koko, 3 actes . 2 »
Le Sanglier, 1 acte . . 1 50
Les Surprises du Di-
vorce, 3 actes . . . . 2 »
Le Terre Neuve, 3 act. 2 »
Le Véglione, 3 actes . . 2 »
Veuve Durozel ! 1 acte. 1 50

fr. c.

M. BONIFACE

Clarisse Arbois, 3 actes. 3 50
La Crise, 3 actes . . . . 2 »
Les Petites Marques, 2
actes . . . . 2 »
La Tante Léontine, 3 a 2 »

BRIEUX

Les Avariés, 3 actes . . 3 50
Le Berceau, 3 actes . . 2 »
Les Bienfaiteurs, 4 act. 2 »
Blanchette, 3 actes . . . 2 »
La Couvée, 3 actes . . . 2 »
La Déserteuse, 4 actes . 3 50
L'Ecole des Belles-Mè-
res, 1 acte 1 50
L'Engrenage, 3 actes . 2 »
L'Evasion, 3 actes . . . 2 »
Maternité, 3 actes . . . 3 50
Ménages d'Artistes, 3 a. 2 »
La Petite Amie, 4 act. 2 »
Résultat des Courses,
5 actes . . . . 2 »
Les Remplaçantes, 3 a. 2 »
La Robe Rouge, 3 a. 2 »
La Rose bleue, 1 acte . 1 50
Les Trois Filles de M.
Dupont, 4 actes . . . 2 »

G. COURTELINE

L'Article 330, 1 acte . . 1 »
Les Boulingrin, 1 acte . 1 50
Un Client sérieux, 1 a. 1 50
Gros chagrins, 1 acte . 1 »
Hortense, couche-toi !
1 acte . . . . 1 »
Une Lettre chargée, 1 a. 1 »
Théodore cherche des al-
lumettes, 1 acte . . . 1 »
Victoires et Conquêtes,
1 acte . . . . 1 »
La Voiture versée, 1 a. 1 »

F. DE CUREL

L'Amour brode, 3 actes.
(in-8º) . . . . 4 »
L'Envers d'une Sainte,
3 actes . . . . 2 »
La Figurante, 3 actes . 2 »
La Fille sauvage, 6 a. 2 »
La Nouvelle Idole, 3 a. 2 »
Le Repas du lion, 5 act. 2 »

Paul GAVAULT

La Belle de New-York,
2 actes, 3 tableaux . 2 »
Les Dupont, 3 a . . . . 2 »
Manu Militari ! 1 acte. 1 50

Paul GAVAULT et Georges BERR

La Dette, 5 actes . . . . 2 »

fr.

Paul GAVAULT, G. BERR et A. VEL[..]

Les Aventures du Ca-
pitaine Corcoran,
5 actes, 17 tableaux . . 2

Paul GAVAULT et V. DE COTTENS

Chéri ! 3 actes 2
Le Guet-Apens, 1 acte . 1
Fin de Rêve, 3 actes . 2

Paul GAVAULT et P. L. FLERS

Charmant Séjour ! 3 a. 2

Paul GAVAULT et GUILLEMAUD

Les Femmes de Paille,
3 actes 2

Paul GAVAULT, Eugène HÉROS et Eugène MILLOU[..]

Family-Hôtel, 3 actes . . 2

Maurice HENNEQUI[N]

Inviolable ! 3 actes . . . 2
Les Joies du foyer, 3 a. 2

Maurice HENNEQUI[N] et Paul BILHAUD

La Famille Boléro, 3 a. 2
Heureuse ! 3 actes . . . 2
Le Paradis, 3 actes . . 2

Maurice HENNEQUI[N] et Georges DUVAL

Le Coup de fouet, 3 a . . 2
Le Remplaçant, 3 act. 2
Le Voyage autour du
Code 4 actes 2

Jean JULLIEN

L'Ecolière, 3 actes . . . 2
La Mineure, 1 acte . . 1
La Poigne, 5 actes . . . 2
La Sérénade, 3 actes . 2

ORDONNEAU, GRENET-DANCOUR[T] et KÉROUL

Le Voyage des Berlu-
ron, 4 actes 2

Albin VALABRÈGU[E] et Maurice HENNEQUI[N]

Coralie et Cie, 3 ac . . 2
Place aux Femmes ! 4 a. 2

Imprimerie générale de Châtillon-sur-Seine. — A. PICHAT.